Todavía
DIOS
HABLA

JOHN ECKHARDT

CASA
CREACIÓN
A STRANG COMPANY

La mayoría de los productos de Casa Creación están disponibles a un precio con descuento en cantidades de mayoreo para promociones de ventas, ofertas especiales, levantar fondos y atender necesidades educativas. Para más información, escriba a Casa Creación, 600 Rinehart Road, Lake Mary, Florida, 32746; o llame al teléfono (407) 333-7117 en Estados Unidos.

Todavía Dios habla por John Eckhardt
Publicado por Casa Creación
Una compañía de Strang Communications
600 Rinehart Road
Lake Mary, Florida 32746
www.casacreacion.com

Publicado originalmente en E.U.A. bajo el título:
God Still Speaks © 2009 por John Eckhardt
Charisma House, A Strang Company,
Lake Mary, FL 32746
Todos los derechos reservados.

Traducido y editado por Belmonte Traductores
Diseño de portada por Bill Johnson
Diseño interior por Jeanne Logue

Library of Congress Control Number: 2009929192
ISBN: 978-1-59979-556-0

Impreso en los Estados Unidos de América
10 11 12 13 * 7 6 5 4 3 2

ÍNDICE

Capítulo 1

EL ESPÍRITU SANTO Y UNA CULTURA PROFÉTICA

P OR MUCHOS AÑOS, he enseñado a nuestra congregación sobre el tema de la profecía, y he visto los resultados de esta enseñanza a medida que miles de personas han sido bendecidas y han aprendido a oír profecía y moverse en ella. Para mí, esto no es teoría, sino más bien un estilo de vida. No puedo imaginar mi vida sin profecía, y por eso tiene en sus manos este libro. Quiero animarle a llegar a ser parte de un movimiento mundial que está bendiciendo incontables vidas.

Es importante que nos ciñamos a la Escritura en todo lo que hagamos. La Palabra de Dios proporciona seguridad y protección del mal uso y el abuso de la profecía. Este libro está lleno de referencias escriturales sobre la vida profética, y le aliento a que medite en esos versículos. Dios quiere utilizar su Palabra de verdad para prosperar su camino y que las cosas le salgan bien. En cada generación, Dios quiere desarrollar una cultura profética:

He aquí que vienen días, dice Jehová, en los cuales haré nuevo pacto con la casa de Israel y con la casa de Judá. No como el pacto que hice con sus padres el día que tomé su mano para sacarlos de la tierra de Egipto; porque ellos invalidaron mi pacto, aunque fui yo un marido para ellos, dice Jehová. Pero este es el pacto que haré con la casa de Israel después de aquellos días, dice Jehová: Daré mi ley en su mente, y la escribiré en su corazón; y yo seré a ellos por Dios, y ellos me serán por pueblo. Y no enseñará más ninguno a su prójimo, ni ninguno a su hermano, diciendo: Conoce a Jehová; porque todos me conocerán, desde el más pequeño de ellos hasta el más grande, dice Jehová; porque perdonaré la maldad de ellos, y no me acordaré más de su pecado.

—Jeremías 31:31–34

Está claro que el nuevo pacto que Dios estableció con Israel y Judá incluye conocer al Señor. Todos los creyentes, desde el último de nosotros hasta el primero, pueden tener la bendición de conocer a Dios por medio del Espíritu Santo. Esto incluye conocer y reconocer la voz del Señor. Cuando utilizamos el término *profecía*, sencillamente nos estamos refiriendo a oír la voz del Señor y decir su palabra a otros.

En otras palabras, cada creyente tiene la oportunidad de operar en la esfera profética. Todo creyente debería esperar oír la voz de Dios, debido a que cada uno de nosotros es un nuevo creyente del pacto. El fundamento del nuevo pacto es la base para desarrollar su vida profética.

Todo creyente debería esperar hablar como el oráculo de Dios. La clave es desarrollar esta capacidad intencionadamente, pues no sucederá automáticamente. Algunos creyentes tienen dudas en cuanto a que Dios les hable; otros pueden oír su palabra pero batallan con pronunciarla de parte de Dios. Todos necesitamos más fe a fin de fluir en la profecía. Cada uno de nosotros debe creer lo que la Palabra de Dios dice y luego actuar basado en ella.

Es cierto: Dios quiere que cada persona sea un profeta. Recuerde lo que dijo Moisés:

> Y Moisés le respondió: ¿Tienes tú celos por mí? Ojalá todo el pueblo de Jehová fuese profeta, y que Jehová pusiera su espíritu sobre ellos.
> —NÚMEROS 11:29

Ese debería ser el corazón de cada líder. Moisés deseaba que todo el pueblo de Dios compartiera la unción profética por medio de la presencia del Espíritu Santo en ellos. Eso ahora es una realidad bajo el nuevo pacto. Todos podemos tener sobre nosotros la presencia del Espíritu Santo, y todos podemos compartir la unción profética.

Pablo exhortó a la iglesia en Tesalónica con estas palabras:

> Así que, hermanos, estad firmes, y retened la doctrina que habéis aprendido, sea por palabra, o por carta nuestra.
> —2 TESALONICENSES 2:15

¿Qué tradiciones habían aprendido las personas de la iglesia en Tesalónica? ¿Qué tradiciones ha aprendido usted a lo largo de su vida cristiana? Las tradiciones incluyen ideas, costumbres, destrezas y preferencias de un grupo de personas que se transfieren, o se transmiten, a posteriores generaciones. Las costumbres de un pueblo son las tradiciones que practican y transmiten a futuras generaciones. Hay algunas tradiciones que pueden evitar que las personas obedezcan la Palabra de Dios; pero Jesús condenó la tradición de los judíos que anulaba la Palabra de Dios.

Hay, sin embargo, buenas tradiciones que producen orden y bendición para la sociedad y para posteriores generaciones, y esas tradiciones deberían mantenerse y guardarse. Cada iglesia tiene tradiciones que han sido transmitidas por anteriores generaciones; algunas de ellas necesitan descartarse, y otras necesitan guardarse y enseñarse a posteriores generaciones. Un cambio de tradición causará un cambio en la cultura de una iglesia. Cada iglesia tiene una cultura. Las iglesias tienen una manera de hacer las cosas que se transfiere de generación a generación.

Este libro habla sobre desarrollar una *cultura profética* en la vida de su iglesia. El ministerio profético es algo más que darle a la gente "la palabra del Señor" de vez en cuando. En el contexto de una cultura profética, el ministerio profético afectará a cada área de la vida de la iglesia local. El ministerio profético afectará al modo en que las personas en una iglesia viven y operan.

Desarrollar significa edificar o extender, fortalecer o hacer más efectivo, hacer que algo que está latente comience una actividad. El ministerio profético está latente o dormido en las vidas de muchos individuos y muchas iglesias y, como resultado, hay una gran necesidad de activación. Quiero ayudarle a desarrollarse en el área de la profecía. Quiero avivar su fe, y quiero impartir el conocimiento necesario que usted necesita para desarrollarse proféticamente.

EL ESPÍRITU SANTO Y LA PROFECÍA

Jesús prometió a sus discípulos el regalo del Espíritu Santo. Su promesa se cumplió el día de Pentecostés, y en subsiguientes "pentecostés" a lo largo de los siglos.

> Y fueron todos llenos del Espíritu Santo, y comenzaron a hablar en otras lenguas, según el Espíritu les daba que hablasen.
>
> —HECHOS 2:4

El Espíritu Santo también se conoce como el Consolador, y la profecía es una de las formas en que Él consuela al creyente. *Consolador* es la palabra griega *parakletos*, que significa intercesor o defensor. Cuando el Espíritu Santo viene, los resultados incluyen consuelo, fortaleza, y la capacidad de proclamar la Palabra de Dios con valentía.

El Espíritu Santo dio a los discípulos "denuedo", que en griego es la palabra *apophtheggomai*, con el significado de enunciar claramente, declarar, decir o proclamar. Lo primero que sucedió cuando el Espíritu Santo vino sobre los discípulos en el Aposento Alto el día de Pentecostés fue proclamación inspirada, lo cual es profecía.

En otras palabras, el bautismo del Espíritu Santo es la puerta de entrada a la esfera profética. La conocida profecía de Joel hace hincapié en la liberación de profecía entre los hijos, hijas, siervos y siervas. Los creyentes hablaron en lenguas el día de Pentecostés, y Pedro citó la profecía de Joel

5

para identificar lo que estaba sucediendo. Quienes hablaron en lenguas fueron inspirados por el Espíritu Santo:

> Y después de esto derramaré mi Espíritu sobre toda carne, y profetizarán vuestros hijos y vuestras hijas; vuestros ancianos soñarán sueños, y vuestros jóvenes verán visiones. Y también sobre los siervos y sobre las siervas derramaré mi Espíritu en aquellos días.
>
> —Joel 2:28–29

Millones de creyentes en todo el mundo han experimentado el bautismo del Espíritu Santo con la evidencia de hablar en lenguas. Muchos creyentes han limitado su experiencia a hablar en lenguas y no han experimentado la bendición de la profecía. Los creyentes en la Iglesia del Nuevo Testamento eran capaces de hablar en lenguas y profetizar.

Tanto la profecía como hablar en lenguas son formas de proclamación inspirada. Es fácil de explicar: hablar en lenguas es proclamación inspirada en un lenguaje que es desconocido para el que habla, y la profecía es proclamación inspirada en un lenguaje que es conocido para el que habla.

El poder de las palabras

A fin de entender plenamente el poder de la profecía, necesitamos una revelación sobre el poder de la lengua. Jesús dijo que las palabras que Él decía eran espíritu y vida. Las palabras —especialmente las palabras que vienen de Dios— son como contenedores espirituales que llevan espíritu y vida.

Las palabras tienen poder tanto para propósitos buenos como para propósitos malos. Todo el universo cobró vida por medio de palabras: "Y dijo Dios: Sea la luz; y fue la luz. (Génesis 1:3). Las palabras pueden utilizarse para bendecir o para maldecir: "La muerte y la vida están en poder de la lengua" (Proverbios 18:21). Las Escrituras están llenas de versículos que hacen hincapié en el poder de las palabras y de la lengua:

> El que habla verdad declara justicia; mas el testigo mentiroso, engaño. Hay hombres cuyas palabras son como golpes de espada; mas la lengua de los sabios es medicina.
>
> —PROVERBIOS 12:17–18

> La congoja en el corazón del hombre lo abate; mas la buena palabra lo alegra.
>
> —PROVERBIOS 12:25

> La lengua apacible es árbol de vida; mas la perversidad de ella es quebrantamiento de espíritu.
>
> —PROVERBIOS 15:4

> El hombre se alegra con la respuesta de su boca; y la palabra a su tiempo, ¡cuán buena es!
>
> —PROVERBIOS 15:23

> Panal de miel son los dichos suaves; suavidad al alma y medicina para los huesos.
>
> —PROVERBIOS 16:24

> Manzana de oro con figuras de plata es la palabra dicha como conviene.
>
> —PROVERBIOS 25:11

...la lengua blanda quebranta los huesos.

—Proverbios 25:15

¡Cuán eficaces son las palabras rectas!

—Job 6:25

Las palabras rectas son eficaces. La palabra correcta dicha en el momento correcto conlleva un tremendo poder y fuerza. Las palabras no pueden existir sin quien las diga, y quienes hablan utilizan sus lenguas para hablar. Por tanto, las Escrituras subrayan el poder de la lengua para el bien al igual que para el mal:

Así también la lengua es un miembro pequeño, pero se jacta de grandes cosas. He aquí, ¡cuán grande bosque enciende un pequeño fuego! Y la lengua es un fuego, un mundo de maldad. La lengua está puesta entre nuestros miembros, y contamina todo el cuerpo, e inflama la rueda de la creación, y ella misma es inflamada por el infierno.

Porque toda naturaleza de bestias, y de aves, y de serpientes, y de seres del mar, se doma y ha sido domada por la naturaleza humana; pero ningún hombre puede domar la lengua, que es un mal que no puede ser refrenado, llena de veneno mortal.

Con ella bendecimos al Dios y Padre, y con ella maldecimos a los hombres, que están hechos a la semejanza de Dios. De una misma boca proceden bendición y maldición. Hermanos míos, esto no debe ser así. ¿Acaso alguna fuente echa por una misma abertura agua dulce y amarga? Hermanos

míos, ¿puede acaso la higuera producir aceitunas,
o la vid higos? Así también ninguna fuente puede
dar agua salada y dulce.

—SANTIAGO 3:5-12

Si las palabras son así de poderosas, ¡solamente imagine
el poder de las palabras inspiradas! Las palabras ungidas y
cargadas por el Espíritu Santo conllevan un tremendo poder.
Una palabra profética puede cambiar su vida. La profecía es
poderosa porque es la palabra del Señor, y ninguna palabra
de Dios carece de poder:

Ciertamente espíritu hay en el hombre, y el soplo
del Omnipotente le hace que entienda.

—JOB 32:8

La inspiración del Espíritu Santo

Dios inspira nuestro espíritu por medio del Espíritu Santo.
Los profetas del Antiguo Testamento hablaron por inspiración de Él. Los profetas del Nuevo Testamento hablaron
por inspiración de Él. Los creyentes llenos del Espíritu en
la actualidad también pueden hablar por inspiración del
Espíritu Santo.

Quienes experimentan la manifestación de lenguas
también pueden profetizar. El Espíritu Santo inspirará al
creyente a hacer ambas cosas. La clave está en rendirse al
Espíritu Santo y permitirle que le inspire a hablar no sólo en
una lengua que usted no comprende y no ha aprendido, sino
también en su lengua nativa.

Nosotros los creyentes también podemos orar por inspiración del Espíritu; podemos cantar por inspiración; podemos

enseñar y predicar por inspiración de Él. Todos los resultados de la inspiración del Espíritu Santo son tipos distintos de manifestaciones proféticas en acción. Deberíamos recibir y cultivar todas las formas de la inspiración del Espíritu Santo. En el Nuevo Testamento se nos dice que no detengamos las proclamaciones inspiradas: "No apaguéis al Espíritu. No menospreciéis las profecías" (1 Tesalonicenses 5:19-20). Las palabras inspiradas traen gran bendición a la iglesia y a los creyentes individuales. Existe la tendencia a detener o a ahogar las palabras inspiradas en la iglesia, y ese es el motivo de que Pablo hiciese esa advertencia. Cuando se ahogan las palabras inspiradas, el Espíritu Santo no está en libertad de actuar. El Espíritu Santo inspirará a una persona, pero no obligará a nadie a hablar. Las personas pueden decidir si pronunciar o no un mensaje inspirado.

Yo he sido inspirado a profetizar a miles de creyentes en todo el mundo. He visto la bendición de la palabra inspirada, y usted también puede verla. Rendirse a la inspiración del Espíritu Santo traerá incontables bendiciones a quienes oigan sus palabras ungidas.

Las palabras destilan como lluvia

Leemos esta frase en un conocido Salmo:

> La tierra tembló; también destilaron los cielos ante
> la presencia de Dios...
>
> —Salmo 68:8

Los cielos "destilan" ante la presencia de Dios. ¿Qué significa eso? *Destilar* es la palabra hebrea *nataph*, que significa rezumar, destilar gradualmente, caer a gotas, hablar por inspiración; en otras palabras, profetizar.

Una de las formas en que Dios nos inspira es goteando sus palabras sobre nosotros. Eso normalmente sucede durante la adoración colectiva, cuando la presencia de Dios es fuerte. La palabra del Señor cae como lluvia, y generalmente hay muchos en el servicio que son inspirados a hablar. Algunos serán inspirados a cantar proféticamente a medida que Dios hace caer un canto sobre ellos.

Las palabras borbotean

Naba es la palabra hebrea para "profecía", y significa hablar o cantar por inspiración (en predicción o en sencillo discurso). La palabra conlleva el sentido de borbotear o brotar, fluir, derramarse. La palabra para "profeta" es *nabiy*, que significa hombre inspirado. La palabra para "profetisa" es *nabiyah*, que significa mujer inspirada, poetisa, o esposa de profeta. En otras palabras, tanto hombres como mujeres pueden ser inspirados a fluir o borbotear con las palabras de Dios en proclamaciones proféticas. La inspiración a profetizar puede caer sobre nosotros como lluvia (*nataph*), o puede borbotear desde el interior (*naba*). Es el mismo Espíritu Santo quien inspira de ambas formas, y el resultado es también el mismo: inspiración para proclamar la palabra del Señor.

ENRIQUECIDOS EN TODA PALABRA

La iglesia en Corinto estaba "enriquecida en toda palabra":

> Porque en todas las cosas fuisteis enriquecidos en
> él, en toda palabra y en toda ciencia.
> —1 CORINTIOS 1:5

El Espíritu Santo enriquecerá a cada uno de nosotros en toda palabra. Cuando alguien o algo ha sido "enriquecido", ha tenido algo extra añadido. La palabra conlleva la idea de riqueza o abundancia. Debido a que hemos sido llenos del Espíritu Santo, deberíamos abundar en palabra. El Espíritu Santo es un Espíritu libre (Salmo 51:12), lo que significa que Él es liberal, generoso y magnánimo (dispuesto a compartirse a sí mismo con nosotros). Él se derrama sobre nosotros, y su vida fluye desde nuestro interior. Con frecuencia, el derramamiento del Espíritu Santo es liberado en un derramamiento de profecía. Por eso se nos insta a no apagar ni limitar al Espíritu Santo apagando su inspiración.

Las palabras inspiradas están ungidas por el Espíritu Santo. Esas palabras tienen un tremendo poder y autoridad. Las palabras ungidas pueden traer liberación, sanidad, fortaleza, consuelo, frescura, sabiduría y dirección.

La proclamación inspirada siempre ha sido una clave para el avance. Es interesante que la palabra *nathan* sea traducida como *dar* en pasajes de la Escritura como Joel 2:11 y 3:16, y el Salmo 46:6.

> Y Jehová *dará* su orden delante de su ejército; porque muy grande es su campamento; fuerte es el que ejecuta su orden.
>
> —Joel 2:11, énfasis añadido

> Y Jehová rugirá desde Sion, y *dará* su voz desde Jerusalén.
>
> —Joel 3:16, énfasis añadido

Bramaron las naciones, titubearon los reinos; *dio*
él su voz, se derritió la tierra.

—SALMO 46:6, énfasis añadido

También es interesante que Natán sea el nombre del
profeta que reprendió a David después de que se acostase con
Betsabé (2 Samuel 12). Una vez más, las palabras inspiradas
proporcionaron la llave de la puerta cerrada de un corazón
humano. En este caso, el Espíritu Santo inspiró al profeta
Natán a relatar una parábola.

La tierra se derrite cuando Dios da su voz. Esto significa
que la esfera física es afectada por la voz del Señor, y la esfera
física incluye a hombres y mujeres, no sólo porque ellos
moren en la tierra sino también porque fueron tomados de
la tierra en la Creación.

Las palabras inspiradas tienen un dramático efecto sobre
hombres y mujeres. Sus vidas son enriquecidas por medio de
las palabras proféticas que se pronuncian. Las meras palabras
humanas no pueden alcanzar tales resultados. Las palabras
inspiradas no son obra del hombre, sino del Espíritu Santo.

El Espíritu Santo habla por medio de nosotros, y Él pone
su palabra en nuestra boca.

El Espíritu de Jehová ha hablado por mí, y su
palabra ha estado en mi lengua.

—2 SAMUEL 23:2

David entendía que sus palabras eran divinamente inspiradas. David hasta cantaba bajo inspiración mientras tocaba
su arpa. Con la palabra de Él en su lengua, su lengua puede
convertirse en un instrumento de lo divino. Dios desea

liberar su palabra por medio de su lengua y de la mía. Él le ha dado a cada creyente el regalo del Espíritu Santo para llevar a cabo su voluntad.

La profecía es el resultado de estar lleno del Espíritu Santo. Zacarías quedó mudo y no pudo hablar hasta que su lengua fue desatada por medio de la llenura del Espíritu Santo. Entonces, él no sólo hablo algunas palabras por primera vez en meses, sino que también profetizó:

> Y Zacarías su padre fue lleno del Espíritu Santo, y profetizó, diciendo...
>
> —Lucas 1:67

Los creyentes y las iglesias llenos del Espíritu Santo *deberían* profetizar. En virtud de ser llenos del Espíritu Santo, deberíamos rebosar. *Lleno* es la palabra griega *pietho*, que significa "imbuir, influenciar o proporcionar". Los creyentes llenos del Espíritu deberían hablar por influencia del Espíritu Santo porque han sido imbuidos, influenciados y se les ha proporcionado abundancia de la vida del Espíritu de Dios.

Bajo la influencia del Espíritu Santo, pronunciamos palabras que traen edificación, exhortación y consolación, y siempre hay una abundante provisión de tales palabras que nos es dada por el Espíritu Santo.

Cuando alguien está borracho, decimos que él o ella están "bajo la influencia". Dios quiere que estemos bajo la influencia de su Espíritu cada día, y Él espera que prefiramos su influencia en lugar de la de las bebidas alcohólicas:

> No os embriaguéis con vino, en lo cual hay disolución; antes bien sed llenos del Espíritu, hablando

entre vosotros con salmos, con himnos y cánticos espirituales, cantando y alabando al Señor en vuestros corazones.

—Efesios 5:18-19

A medida que vivamos y operemos bajo la influencia del Espíritu Santo en lugar de estar borrachos o bajo la influencia del vino, hablaremos los unos a los otros y cantaremos los unos a los otros palabras divinamente inspiradas que inspirarán esperanza, gozo, amor y gratitud.

Un estilo de vida profético

Bajo el antiguo pacto, el Espíritu del Señor venía sobre ciertos individuos y ellos hablaban por inspiración. A veces utilizamos la palabra *oráculo* con relación a ellos. Hoy día, cada creyente es participante del Espíritu Santo bajo el nuevo pacto; todos tenemos al Espíritu en nuestro interior, y podemos disfrutar del Espíritu sobre nosotros porque Dios ha cumplido su promesa de derramar su Espíritu sobre toda carne.

Por tanto, podemos hablar como los oráculos de Dios:

Si alguno habla, hable conforme a las palabras de Dios.

—1 Pedro 4:11

Oráculo es la palabra griega *logion*, que significa una breve proclamación de Dios. Dios quiere que usted sea su oráculo. Esto es desafiante para muchos creyentes que no se sienten cualificados para hablar en nombre de Dios, pero si es usted uno de ellos necesita saber que Dios le ha cualificado dándole su Espíritu. Esta es la bendición del nuevo pacto, y es parte de su herencia como creyente.

Estoy intentando simplificar la profecía. Hay diferentes niveles de don y estilo de vida proféticos, pero la definición más básica es hablar por inspiración o influencia del Espíritu Santo. No deberíamos hacer que la profecía sea más difícil de lo que es. Cualquier creyente puede hablar por inspiración del Espíritu Santo, incluyéndolo a usted. A medida que camina en su plena herencia en el Espíritu, puede usted hacer su parte para edificar una cultura profética en el Cuerpo de Cristo. Es una cultura en la cual las palabras inspiradas —en todas sus manifestaciones— borbotean y también caen como lluvia dondequiera que usted vaya.

Capítulo 2

EL PAPEL DE LOS PROFETAS EN LA ACTUALIDAD

N O ESTOY TRATANDO de convertir a todo creyente en profeta; y, sin embargo, todos nosotros podemos profetizar. Hay diferentes niveles de profecía, y un entendimiento de los diferentes niveles de profecía eliminará cualquier confusión.

En el nivel más simple, un profeta es alguien que habla palabras de parte de Dios que edifican a la gente:

> Pero el que profetiza habla a los hombres para edificación, exhortación y consolación.
>
> —1 CORINTIOS 14:3

Esta es la definición escritural más sencilla de *profecía*. Las palabras proféticas edifican; traen edificación. *Edificar* significa construir. Dios desea edificar a su pueblo por medio de la profecía.

La palabra *edificar* está relacionada con la palabra edificio, que es otra palabra para "una construcción". La Iglesia es el edificio de Dios. Su construcción (su edificio) se construye mediante la profecía.

¿Cómo edifican a la iglesia las palabras proféticas? Trayendo exhortación y consolación a los individuos que componen la iglesia. *Exhortación* es la palabra griega *paraklesis*, que significa consuelo, súplica, consolación, advertencia. Esta palabra está relacionada con la palabra *parakletos*, o Consolador, uno de los nombres para el Espíritu Santo. El Espíritu Santo utiliza la profecía para consolar a los creyentes, y para exhortarlos a la santidad, el amor, la adoración, la alabanza, la oración, el evangelismo, la humildad y el dar.

Consuelo es la palabra griega *paramuthia*, que significa "consolación". Este es un tipo distinto de consuelo, y es especialmente importante para creyentes que están sufriendo o batallando en su fe.

Es importante observar que esta sencilla definición de profecía no contiene referencia alguna a predicción. Aquí es donde muchas personas han errado, creyendo que *profecía* es otra palabra para predecir el futuro. Aunque es bastante posible que los profetas ofrezcan predicción cuando profetizan, no se requiere por definición. Las palabras proféticas básicas se adhieren a los parámetros de "edificación, exhortación y consuelo".

NIVELES PROFÉTICOS

En el resto de este capítulo estaremos explorando los diversos niveles de proclamación profética. Usted podrá ver más opciones para canalizar el flujo de sus propias inspiraciones proféticas.

Espíritu de profecía

El nivel más básico de profecía se conoce como el espíritu de profecía. Cuando adoramos a Dios en espíritu y verdad, el espíritu de profecía se manifestará en medio de nosotros, y cualquier creyente puede someterse a ese espíritu de profecía, hablando la palabra del Señor.

El Señor quiere levantar un pueblo profético (Números 11:29), y el Espíritu Santo es un Espíritu profético (Hechos 2:14-18). Por tanto, el espíritu de profecía hace que hombres y mujeres, hijos e hijas, "siervos y siervas" profeticen. Proporciona a las personas la unción que necesitan para hablar como los oráculos del Señor, por utilizar un término bíblico.

Profetizamos según la proporción de nuestra fe (Romanos 12:6). Nuestro testimonio se expresa proféticamente:

> Yo me postré a sus pies para adorarle. Y él me dijo: Mira, no lo hagas; yo soy consiervo tuyo, y de tus hermanos que retienen el testimonio de Jesús. Adora a Dios; porque el testimonio de Jesús es el espíritu de la profecía.
>
> —APOCALIPSIS 19:10

Si los creyentes actúan en fe cuando el espíritu de profecía está presente, todos pueden profetizar. Eso no convierte a cada uno de ellos en profeta. Sus palabras estarán limitadas al "testimonio de Jesús"; hablarán palabras de verdad, valiosas palabras de verdad que están basadas en la Palabra de verdad revelada en la Biblia.

La palabra de Dios testifica de Jesús. Cuanto más medite una persona en la Palabra de Dios y la conozca, más fácil será profetizar. La Palabra de Dios lleva en ella el espíritu de profecía. Entonces, cuando adoramos a Dios, la Palabra del Señor puede borbotear con más facilidad en nosotros o caer sobre nosotros, y podemos profetizar libremente.

El don de profecía

El segundo nivel de la esfera profética es el don de profecía (1 Corintios 12:10). Este don puede ser avivado:

> Por lo cual te aconsejo que avives el fuego del don de Dios que está en ti por la imposición de mis manos.
>
> —2 TIMOTEO 1:6

O un creyente puede someterse al espíritu de profecía y hablar también por la fuerza adicional de este don. Las palabras serán más fuertes que hablar por el espíritu de profecía solamente, porque la persona estará hablando por un don.

Hay niveles de fuerza del don, dependiendo de la medida de gracia recibida por la persona que tiene el don. Quienes profetizan en este nivel hablarán palabras que traerán edificación, exhortación y consolación (1 Corintios 14:3).

Alentamos a los creyentes que no están llamados al oficio de profeta a permanecer dentro de los límites de la edificación, exhortación y consolación. Los creyentes que intentan ir más allá de su nivel de gracia sin tener un equipamiento adicional, traerán confusión al Cuerpo de Cristo. Quienes son reconocidos por el liderazgo de la asamblea como profetas son los que tienen autoridad para hablar por encima del límite de la edificación, exhortación y consolación.

El oficio de profeta

El nivel más alto en la esfera profética es el oficio de profeta.

> Y a unos puso Dios en la iglesia, primeramente apóstoles, luego profetas, lo tercero maestros, luego los que hacen milagros, después los que sanan, los que ayudan, los que administran, los que tienen don de lenguas.
>
> —1 CORINTIOS 12:28

Los profetas tendrán las palabras más fuertes porque hablan por el espíritu de profecía, el don de profecía, y también por la fuerza del oficio de profeta. Tienen la gracia de hablar mensajes que van más allá de palabras de edificación, exhortación y consolación.

Los profetas profetizan con más autoridad que otros creyentes que no han sido llamados al oficio de profeta. Sus profecías pueden llevar revelación, dirección, corrección, confirmación, impartición y activación. Ellos ministran a un rango más amplio de necesidades que los creyentes que hablan por el espíritu de profecía o sólo por el don de profecía.

La anchura y la altura del alcance de lo profético se extiende muy lejos y hasta la cumbre o pináculo de los cielos. La profundidad y la longitud del alcance profético son plenas y globales, completas y precisas. El Señor desea que su Iglesia camine en la anchura, longitud, profundidad y altura de la esfera profética, y Él instala a hombres y mujeres en el oficio de profeta para hacer eso posible. El profeta tiene la unción, por gracia, para ministrar y hablar de maneras más elevadas, más amplias y más profundas.

Yo creo que los profetas deberían ministrar bajo autoridad y ser reconocidos por el liderazgo de su iglesia local, porque el Señor desea que todas las cosas se hagan decentemente y con orden.

La gracia de Dios, nuestro límite

Me gusta el modo en que lo expresa un colega ministro. Él dice: "*Gracia* es la capacidad de Dios, la cual es nuestro límite". En otras palabras, usted está limitado por la cantidad de gracia que ha recibido del Señor. Pablo lo dejó claro en su carta a la iglesia local en Roma:

> Porque de la manera que en un cuerpo tenemos muchos miembros, pero no todos los miembros tienen la misma función, así nosotros, siendo muchos, somos un cuerpo en Cristo, y todos miembros los unos de los otros. *De manera que, teniendo diferentes dones, según la gracia que nos es dada, si el de profecía, úsese conforme a la medida de la fe*; o si de servicio, en servir; o el que enseña, en la enseñanza; el que exhorta, en la exhortación; el que reparte, con liberalidad; el que preside, con solicitud; el que hace misericordia, con alegría.
> —Romanos 12:4–8, énfasis añadido

Cada creyente debería operar en la esfera profética en uno o más de estos niveles proféticos, pero nuestros niveles de gracia difieren. Cuando el espíritu de profecía es fuerte en la asamblea local, más creyentes serán capaces de operar en los distintos niveles de profecía.

Usted debe discernir cuál es su medida de gracia y operar dentro de sus límites. Todos los creyentes pueden profetizar, pero no todos serán capaces de operar en el nivel más alto de la unción profética: el oficio de profeta. Es el nivel más elevado y más fuerte, y llevará al pueblo de Dios a un mayor nivel de gloria. Hablaremos más extensamente del grado más elevado de la unción profética en este libro.

Hasta que la Iglesia comience a entender y a caminar en todos los niveles de profecía —incluyendo este nivel más alto, el oficio de profeta—, no veremos los mayores resultados y manifestaciones del Espíritu Santo en medio de nosotros. Jesús murió, resucitó y envió al Espíritu Santo para que nosotros, el pueblo de Dios, pudiéramos ser perfeccionados y madurar a su imagen. Las poderosas proclamaciones proféticas proporcionan parte de la dirección para ese proceso de madurez y perfeccionamiento.

No debiéramos conformarnos con menos que la plenitud de lo que Jesús nos ha proporcionado. A medida que aprendamos a fluir en el espíritu de profecía y en el don de profecía, también aprenderemos a caminar en el ministerio de profeta y a recibir de él. Este es un regalo de gracia para el Cuerpo de Cristo.

No puedo hacer demasiado énfasis en la importancia de la profecía. Las iglesias deberían abundar en ella:

Así también vosotros; pues que anheláis dones espirituales, procurad abundar en ellos para edificación de la iglesia.

—1 Corintios 14:12

El nivel profético de su iglesia local no debería ser mediocre o promedio. Las personas necesitan ser activadas y formadas para fluir en el espíritu de profecía. Debemos tomar tiempo para enseñar en esta área y dar espacio a su operación, pues no sucederá por accidente. Deberíamos tener una estrategia para elevar el nivel de operación de la unción profética dentro de nuestra iglesia local.

Operaciones proféticas

Administrar significa dirigir o supervisar la ejecución, usar o conducir. También significa ministrar o servir. La Escritura nos dice que hay "diversidad de operaciones, pero el Señor es el mismo" (1 Corintios 12:5). En el contexto de la profecía, hay diferentes maneras de ministrar la unción profética.

He dividido la unción profética en tres niveles: (1) el espíritu de profecía, (2) el don de profecía, y (3) el oficio de profeta. Todos ellos representan operaciones de la unción profética con otras operaciones más específicas que encajan bajo los auspicios del oficio de profeta. Debido a que el profeta tiene gracia y autoridad para ir más allá de los dos primeros niveles, los profetas pueden administrar la unción profética mediante exhortación, corrección, dirección, impartición, activación, confirmación y revelación. Los profetas también pueden ministrar ayudas, sanidad, milagros y liberación. Examinaremos cada uno de ellos en este capítulo y el siguiente.

¿Sabía que hay una operación de sanidad que puede llegar mediante los profetas? Yo he visto a personas recibir sanidad por medio de palabras proféticas y la imposición de manos. También he visto a demonios salir de personas cuando ellas recibieron profecía; eso es una operación de liberación por medio de la unción profética.

Elías y Eliseo resucitaron muertos e hicieron milagros de sanidad y de provisión. Juan el Bautista no hizo milagros; sin embargo, fue, sin duda, un profeta del Altísimo (ver Juan 10:41). No se registra que Daniel hiciera milagros, pero él era fuerte en visiones, sueños y entendimiento.

Todos ellos eran profetas, pero fluían en diferentes operaciones. Moisés era un profeta fuerte en administración y liberación. Ezequiel y Zacarías eran profetas visionarios. Los profetas son diferentes dependiendo de la medida de gracia y de los dones del Espíritu Santo. El oficio de profeta no puede ser limitado a un tipo o modo concreto. Aunque hay ciertas características y similitudes que podemos buscar para identificar a los verdaderos profetas, también hay diferencias.

Algunos profetas son más fuertes en sanidad y milagros, mientras que otros son más fuertes en visiones y sueños. Algunos profetas son más fuertes en activación e impartición, mientras que otros son más fuertes en confirmación. La profetisa es una operación de la unción profética por medio de una sierva del Señor.

Estas distintas operaciones o aplicaciones de la profecía alcanzan a distintas personas. Lo que una operación no puede alcanzar, otra sí puede hacerlo. Cada operación tiene un tiempo y un propósito (Eclesiastés 3:1). Es importante reconocer y recibir todas las distintas operaciones de cada oficio tal como se expresan en la iglesia local. Juntas, componen el cuerpo del Señor en la tierra en la actualidad.

Música profética

Otra operación de la unción del profeta es mediante la música. Hay profetas que funcionan como salmistas y juglares. David es un buen ejemplo de un hombre que tenía esta operación, y se le llama el dulce salmista de Israel (2 Samuel 23:1). David entendía la importancia de la música para avivar y mantener el fluir colectivo del Espíritu de Dios. La fuerza del espíritu de profecía en medio nuestro siempre será determinada por nuestro nivel de adoración (ver Apocalipsis 19:10).

Yo creo que todo aquel que dirige la alabanza o toca un instrumento en la casa del Señor debería fluir hasta cierto grado bajo una unción profética. Veamos cómo David organizó a los líderes de alabanza:

> Asimismo David y los jefes del ejército apartaron para el ministerio a los hijos de Asaf, de Hemán y de Jedutún, para que profetizasen con arpas, salterios y címbalos.
>
> —1 Crónicas 25:1

Puede que no todos sean profetas, pero el espíritu de profecía puede ser lo bastante fuerte en nuestras iglesias para que por medio del él todos puedan entrar en el fluir profético.

Los salmistas y los músicos que son profetas cantarán y tocarán instrumentos bajo una fuerte unción profética. Eso puede traer impartición, activación, dirección, confirmación y revelación, al igual que puede hacerlo la profecía sin música. Es una operación diferente de la unción. El Espíritu del Señor utilizará el vehículo del canto y la música para impartir y establecer dones y unciones en la asamblea local. La revelación fluye mediante esta operación. Secretos divinos son revelados a medida que fluimos en el canto y la música proféticos. "Inclinaré al proverbio mi oído; declararé con el arpa mi enigma" (Salmo 49:4). El proverbio son los misterios de Dios, y, sin embargo, todos ellos no siguen siendo misterios porque nos ha sido dado a nosotros conocer los misterios del Reino (Mateo 13:11). Yo he descubierto que congregaciones que fluyen en la operación adoración/música de la unción profética caminan en un mayor grado de revelación.

No es sorprendente que el enemigo luche contra la música en la casa del Señor. Muchos pastores lo pasan mal para establecer el departamento de música. Muchas veces yo he visto iglesias batallar en esta área. El enemigo intenta traer confusión a esta área de ministerio; el enemigo desea bloquear el flujo de revelación que llegaría mediante la música profética.

Los profetas constituyen estupendos líderes de alabanza. Algunos profetas tienen la idea errónea de que la alabanza y la adoración están por debajo de ellos; dicen: "Deme el púlpito porque soy un profeta". Pero yo digo que los profetas deberían regresar a la alabanza y la adoración. No todos los profetas pueden fluir en esta operación; algunos no son capaces de distinguir una melodía. Pero hay profetas que, sin duda, están llamados a esta área. Necesitamos recibir esta operación en nuestras asambleas locales.

La compañía de profetas bajo Samuel profetizó con instrumentos y música (1 Samuel 10:5). Por tanto, no se sorprenda al ver a muchos profetas siendo formados en los departamentos de música de la iglesia, donde desarrollarán el oído musical y la sensibilidad que necesitan para oír la voz del Señor de modo preciso mediante la música.

Ayudas proféticas

Los profetas son ayudadores de un tipo concreto. Hageo y Zacarías eran profetas enviados por Dios para *ayudar* a Zorobabel y a Jesúa a reconstruir el templo y restablecer el sacerdocio:

> Profetizaron Hageo y Zacarías hijo de Iddo, ambos profetas, a los judíos que estaban en Judá y en Jerusalén en el nombre del Dios de Israel quien estaba sobre ellos.
>
> Entonces se levantaron Zorobabel hijo de Salatiel y Jesúa hijo de Josadac, y comenzaron a reedificar la casa de Dios que estaba en Jerusalén; *y con ellos los profetas de Dios que les ayudaban.*
>
> —Esdras 5:1–2, énfasis añadido

En general, los profetas ayudan a edificar la casa del Señor. El pueblo había sentido que no era momento de edificar la casa del Señor (Hageo 1:2); y se sentían así debido a las difíciles condiciones bajo las cuales intentaban edificarla. Acababan de regresar después de setenta años de cautividad en Babilonia; estaban ocupados construyendo sus propias casas y regresando a la tierra (v. 4). También había una considerable oposición a esa tarea por parte de sus adversarios. El pueblo de la tierra trataba de debilitar las manos del pueblo de Judá, molestándoles en el proceso de reedificación (Esdras 4:4).

Como resultado, la obra de construcción del templo se vio gravemente obstaculizada. Los profetas llegaron para ayudar con la obra y para revertir la oposición.

Deberíamos observar en este punto una de las principales diferencias entre el ministerio profético en el Antiguo Testamento y en el Nuevo. Los santos del Antiguo Testamento dependían más de los profetas porque no tenían la llenura del Espíritu, como tenemos nosotros. El ministerio en el Nuevo Testamento confirma lo que el Espíritu de Dios nos está guiando a hacer. Recuerde que somos guiados por el Espíritu de Dios, y no por profetas.

Sin embargo, aunque somos llenos del Espíritu, seguimos necesitando confirmación y ministerio profético. Los creyentes llenos del Espíritu siguen necesitando edificación, exhortación y consolación. Seguimos necesitando los testigos que el Señor ha proporcionado para estar establecidos en la voluntad de Dios, la cual hará que seamos confirmados hasta el fin.

OPOSICIÓN SATÁNICA

La oposición satánica llegará cuando se levanten hombres para edificar la casa de Dios. Muchas asambleas locales son ahogadas y obstaculizadas debido a que espíritus malos se oponen a la obra. La unción profética da discernimiento en cuanto a cuál es la fuente de los problemas que podemos encontrar. Los profetas tienen la capacidad de discernir e identificar los espíritus que se oponen a una persona o un ministerio.

En la época de la reconstrucción del templo, el pueblo del Señor, inconsciente de la naturaleza satánica de la oposición, dejó de edificar la casa del Señor. Los líderes, Zorobabel y

Jesúa, se desalentaron. La casa del Señor estaba desierta (Hageo 1:4).

El pueblo y los líderes necesitaban ayuda profética, y por eso el Señor envió a Hageo y Zacarías para ayudarles a terminar el trabajo. En primer lugar, hubo represión por no continuar con el trabajo a pesar de la oposición. La represión es desagradable pero a veces necesaria en la edificación de la casa del Señor. Los profetas tienen unción y autoridad para reprender cuando es necesario. La represión puede ser parte de la función de exhortación de la profecía.

Yo he visto asambleas locales obstaculizadas por la oposición satánica. El resultado fue que las personas dejaron de utilizar su fe y se volvieron apáticas con respecto a la obra del Señor. He sido testigo de ver a profetas ministrar en represión con el resultado de una completa transformación en las personas. Se produjo arrepentimiento y obediencia, y la obra del Señor prosperó.

Destruir montañas satánicas

La oposición a la reconstrucción del templo y el restablecimiento del sacerdocio era satánica. En una visión, el profeta Zacarías vio a Satanás en pie para oponerse a esa obra:

Me mostró al sumo sacerdote Josué, el cual estaba delante del ángel de Jehová, y Satanás estaba a su mano derecha para acusarle.

Y dijo Jehová a Satanás: Jehová te reprenda, oh Satanás; Jehová que ha escogido a Jerusalén te reprenda. ¿No es éste un tizón arrebatado del incendio?

—Zacarías 3:1–2

Hageo y Zacarías no solo reprendieron al pueblo y a Satanás, sino que también exhortaron al pueblo y al liderazgo a completar la obra. Zacarías dio la palabra del Señor a Zorobabel, el gobernador y supervisor a cargo de la obra:

> Entonces respondió y me habló diciendo: Esta es palabra de Jehová a Zorobabel, que dice: No con ejército, ni con fuerza, sino con mi Espíritu, ha dicho Jehová de los ejércitos.
> ¿Quién eres tú, oh gran monte? Delante de Zorobabel serás reducido a llanura; él sacará la primera piedra con aclamaciones de: Gracia, gracia a ella.
> —ZACARÍAS 4:6–7

La oposición satánica a esta obra era una montaña para Zorobabel, y él no podía sobreponerse a ella en sus propias fuerzas. El profeta lo alentó a depender del Espíritu del Señor para vencer esa montaña. La montaña caería ante Zorobabel debido a la gracia de Dios que estaba sobre él, y entonces la obra sería completada.

La oposición satánica a la obra del Señor puede parecer una montaña. Muchos líderes necesitan el ministerio profético para destruir y dejar atrás la montaña de oposición a la que se enfrentan. El Señor ha mandado a muchos líderes edificar, y una oposición tan grande como una montaña ha bloqueado su camino. Los obstáculos no significan que un líder no esté obedeciendo al Señor. Muchos líderes se desalientan y necesitan ayuda profética; los profetas pueden ministrar fuerza y aliento a los líderes de Dios, capacitándolos para completar la obra del Señor.

A veces la montaña es económica; a veces la oposición puede venir de personas dentro de la congregación. La palabra del Señor de parte de los profetas ayudará a destruir esas montañas, y por eso no es sorprendente que Satanás aborrezca a los profetas y trate de aislarlos del liderazgo, especialmente de los pastores. Satanás sabe que la unción sobre el profeta destruirá las montañas que él ponga en el camino para obstaculizar la obra del Señor. Yo he sido testigo de congregaciones y líderes que han cambiado y han obtenido victoria por medio del ministerio profético. Las montañas son destruidas y la obra prospera.

REEDIFICAR DESPUÉS DE LA OPOSICIÓN

Hageo profetizó fuerza al liderazgo y al pueblo.

> Pues ahora, Zorobabel, esfuérzate, dice Jehová; esfuérzate también, Josué hijo de Josadac, sumo sacerdote; y cobrad ánimo, pueblo todo de la tierra, dice Jehová, y trabajad; porque yo estoy con vosotros, dice Jehová de los ejércitos.
>
> —HAGEO 2:4

La palabra que ellos recibieron del profeta les dio la fortaleza que necesitaban para edificar la casa del Señor. Se necesita fuerza para derrotar a las potestades de las tinieblas y edificar la casa del Señor. Los profetas traen fortaleza y confirmación; sin esa fortaleza, el pueblo se cansará y con frecuencia desfallecerá. Las manos débiles necesitan ser fortalecidas, y las rodillas débiles confirmadas (Isaías 35:3).

Y los ancianos de los judíos edificaban y
prosperaban, conforme a la profecía del profeta
Hageo y de Zacarías hijo de Iddo. Edificaron, pues,
y terminaron, por orden del Dios de Israel.
—ESDRAS 6:14

Los ancianos representan el liderazgo. Como los líderes
según la voz de los profetas, ellos prosperaron y terminaron
el trabajo. Los profetas no fueron enviados para estar a cargo
de la obra como co-líderes; los líderes eran quienes estaban a
cargo de la obra. Los profetas fueron enviados para *ayudar*
al liderazgo. Si los líderes escuchaban a los profetas, tendrían
éxito; si lo rechazaban, fracasarían. El verdadero ministerio
profético no es enviado para controlar y dominar al liderazgo,
sino para ayudarlo. Los profetas pueden estar en posiciones
de liderazgo en asambleas locales, y hay muchos pastores
que también son profetas; sin embargo, si un profeta no es
pastor, será enviado para ayudar a un pastor. Los profetas
son enviados para ayudar a discernir dirección, para edificar
y bendecir la obra del Señor, y no para controlar y dictar
decisiones.

Creed en Jehová vuestro Dios, y estaréis seguros;
creed a sus profetas, y seréis prosperados.
—2 CRÓNICAS 20:20

De modo sencillo, la obra del Señor prospera mediante la
profecía. Su vida prosperará también mediante la profecía. Ya
que una falta de prosperidad y de bendición es con frecuencia
el resultado de espíritus malos, necesitamos profetas que

quebranten y destruyan los reinos demoníacos mediante la profecía.

Al igual que Ezequiel profetizó a los huesos secos, y se cubrieron de piel y de músculos, dando forma y fuerza a un gran ejército (Ezequiel 37:8-10), así también se imparte fuerza a las personas cuando los profetas profetizan. El resultado será iglesias más fuertes, líderes más fuertes, unciones más fuertes, alabanza más fuerte, ofrendas más fuertes, y evangelismo más fuerte. Se puede profetizar fortaleza a las personas débiles. Si los pastores quieren tener iglesias fuertes, deben permitir que los profetas ministren y profeticen libremente. Las iglesias locales entonces se fortalecerán lo bastante para atravesar toda oposición y prosperar.

Capítulo 3

DISCERNIR CUÁL ES SU PARTE EN EL PLAN DE DIOS

CON REVELACIÓN, APÓSTOLES y profetas ministran los propósitos del Señor para la iglesia. La unción les da una perspectiva especial de los propósitos divinos; tienen la capacidad de hacer que los santos vean cuál es su parte y su lugar en los propósitos de Dios.

> … que en otras generaciones no se dio a conocer a los hijos de los hombres, como ahora es revelado a sus santos apóstoles y profetas por el Espíritu… y de aclarar a todos cuál sea la dispensación del misterio.
> —EFESIOS 3:5, 9

Todos necesitamos saber cuál es nuestra parte en el plan de Dios. Como individuos, iglesias y familias, necesitamos saber cuál es nuestro papel en el plan de Dios. Los profetas tratan con propósitos eternos (ver Efesios 3:11). Los planes y los propósitos eternos ordenados por el Señor desde antes de la fundación del mundo se aplican a cada persona. Cada uno de nosotros ha nacido con un papel en los propósitos eternos de Dios. Nosotros podemos escoger caminar en ese propósito o rechazarlo por medio de la desobediencia y la rebelión, o por medio de la ignorancia.

Los profetas ministran revelación con respecto a nuestra parte en el misterio (propósito) del Señor, y quienes tienen el deseo de conocer y cumplir la voluntad del Señor necesitan valerse del verdadero ministerio profético. El enemigo intenta mantenernos ignorantes de cuál es nuestra parte en los propósitos de Dios; intenta desviarnos de la voluntad de Dios; quiere destruirnos e interferir en el establecimiento del reino de Dios en la tierra.

Por tanto, rechazar el ministerio de los profetas es rechazar la revelación que el Señor desea darnos con respecto a nuestro propósito eterno. Cuando honramos y nos valemos de la unción del profeta, caminaremos en una mayor revelación de los propósitos del Señor. En otras palabras, el profeta ha sido dado como un regalo al Cuerpo de Cristo para bendecirnos y perfeccionarnos. Nunca podemos ser perfeccionados sin una revelación de los propósitos de Dios.

Cumplir su ministerio

Otra manera de decir que cada uno de nosotros nació con un papel que desempeñar en el propósito eterno de Dios es decir que cada uno tiene un destino o un ministerio que cumplir. Pablo se refiere a esto cuando escribe a un miembro de la iglesia en Colosas:

Decid a Arquipo: Mira que cumplas el ministerio
que recibiste en el Señor.

—COLOSENSES 4:17

Los profetas nos ayudan a cumplir nuestros ministerios
impartiendo la revelación que necesitamos para conocer
sobre la voluntad del Señor. Ignorar la voluntad del Señor
será un obstáculo para que las personas cumplan sus ministerios. Muchas personas pasan demasiado tiempo operando
en los lugares equivocados y haciendo las cosas equivocadas
simplemente porque no conocen la voluntad del Señor. No
somos llamados a hacer cualquier cosa y todo, sino que somos
llamados a cumplir una función específica dentro del Cuerpo
de Cristo. Los santos necesitan estar bien unidos todos juntos
y con cada parte funcionando de modo adecuado (Efesios
4:16). Yo creo que los profetas son los principales que pueden
ayudarnos a encontrar nuestro lugar en el cuerpo y aprender
a funcionar adecuadamente, cumpliendo así la voluntad del
Señor para la Iglesia.

Profetas en la iglesia local

Los santos aprenden de la revelación profética, y son
"exhortados":

Asimismo, los profetas hablen dos o tres, y los
demás juzguen. Y si algo le fuere revelado a otro
que estuviere sentado, calle el primero. Porque
podéis profetizar todos uno por uno, para que
todos aprendan, y todos sean exhortados.

—1 CORINTIOS 14:29–31

Estos versículos hacen referencia a profetas que ministran por revelación en la iglesia local. Observemos que los profetas reciben revelación, y pueden hablar toda profecía (proclamar la revelación) para que todos puedan aprender, y para que todos sean exhortados. Así, la revelación profética no causa temor sino exhortación. La traducción inglesa Phillips dice, literalmente, que "la fe de cada uno será estimulada" (v. 31). Otra palabra para exhortación es aliento.

Con frecuencia, cuando un profeta está ministrando, otro profeta comenzará a recibir revelación también. A medida que fluye la unción, avivará a otros en sus dones proféticos. Si es usted profeta, sabe lo que quiero decir. Los profetas verán avivado su don cuando se relacionen con otros profetas. No debería ser inusual que dos o tres profetas hablen en secuencia en una reunión de una congregación local. Y cuando uno de ellos ministra, los otros han de juzgar lo que se ha dicho. Por tanto, la revelación profética está sujeta a ser sopesada por otros.

Las asambleas locales que permiten que los profetas ministren libremente alcanzarán un mayor grado de revelación, conocimiento espiritual, consolación y aliento a medida que avanzan hacia cumplir los propósitos de Dios.

REVELACIÓN PROFÉTICA

Antes de que Dios haga nada, Él lo revela primero a sus siervos los profetas. Usted habrá oído con frecuencia citar esta frase:

Porque no hará nada Jehová el Señor, sin que revele
su secreto a sus siervos los profetas.

—Amós 3:7

La revelación profética puede llegar en forma de sueños, visiones, o las palabras directas del Señor. Los profetas también son conocidos como "videntes" porque ven de antemano lo que el Señor hará, y luego hablan lo que han visto en sueños o visiones o lo que han oído en el espíritu.

Cuando un profeta habla lo que ha visto en el espíritu, el Señor se apresura a llevar a cabo las palabras del profeta porque es realmente palabra de Él y su voluntad expresada por medio de uno de sus siervos. Debido a que la revelación profética nos da perspectiva sobre los planes y propósitos de Dios, nos capacita para hacer que nuestras vidas estén en acuerdo con lo que el Señor está haciendo.

> Mirad, pues, con diligencia cómo andéis, no como necios sino como sabios, aprovechando bien el tiempo, porque los días son malos. Por tanto, no seáis insensatos, sino entendidos de cuál sea la voluntad del Señor.
>
> —Efesios 5:15–17

No es la voluntad del Señor que seamos ignorantes de sus planes y propósitos. Cuando conocemos la voluntad del Señor, entonces somos capaces de redimir el tiempo y lograr la voluntad que Él quiere. El tiempo no se desperdiciará en cosas que el Señor no nos ha llamado a hacer.

El ministerio profético es el medio por el cual Dios nos traerá la revelación de la voluntad del Señor para nuestras vidas e iglesias. Cuando falta el ministerio profético, el resultado será oscuridad y confusión con respecto a la voluntad del Señor. En otras palabras, la voluntad del Señor no sólo se ve y se oye en el espíritu por los profetas, sino que también se proclama y se activa por los profetas.

Cuando el Espíritu de Dios se mueve y los profetas profetizan, viene luz. El poder de iluminación de la revelación penetra en la oscuridad de la confusión. La iglesia comienza a discernir la voluntad de Señor. Tan pronto como la palabra del Señor se proclama, la confusión y la ignorancia se van. Qué emocionante es ver a los santos recibir ministerio profético y que sus vidas y ministerios cobren forma. Sin ministerio profético, la oscuridad y la confusión están presentes con frecuencia. Con ministerio profético, los creyentes reciben claridad de visión y energía de propósito.

Podemos conocer la voluntad general de Dios por medio de la lectura de la Palabra de Dios, y necesitamos estudiar la Biblia por esa razón. Sin embargo, la voluntad concreta del Señor para individuos, familias, iglesias y naciones solamente puede recibirse por medio de revelación, y eso conlleva ministerio profético.

Yo he recibido profecía personal durante un periodo de tiempo que me ha ayudado a conocer la voluntad de Dios para mi vida y ministerio. Eso me ha capacitado para canalizar mi tiempo y mi energía en la perfecta voluntad de Dios para mi vida; ha eliminado la inconstancia y la inestabilidad, y me ha dado la fe y la seguridad necesarias para cumplir los propósitos de Dios para mi vida.

No estoy recomendando que sustituyamos la responsabilidad personal de un individuo de orar y buscar la voluntad del Señor por las palabras de profetas. Cada uno de nosotros sigue siendo responsable de orar y oír del Señor con respecto a su voluntad para su vida; pero los profetas pueden ministrarnos revelación, dándonos un cuadro y un entendimiento más claros de lo que el Señor nos está guiando a hacer.

IMPARTICIÓN PROFÉTICA

Una de las capacidades de los profetas es impartir bendiciones a otras personas. Vemos esto en Romanos 1:11, donde el apóstol Pablo dice: "Porque deseo veros, para comunicaros algún don espiritual, a fin de que seáis confirmados". Pablo tenía el deseo de ir a la iglesia en Roma para poder impartir dones espirituales a los miembros de la iglesia y ayudarlos a ser confirmados o establecidos en una fortaleza madura. Fue la unción de profeta lo que le daba la capacidad de impartir dones y unciones espirituales a las personas por medio de palabras proféticas y mediante imposición de manos.

Timoteo recibió la impartición de un don y la unción de Dios mediante profecía e imposición de manos:

> No descuides el don que hay en ti, que te fue dado mediante profecía con la imposición de las manos del presbiterio.
> —1 TIMOTEO 4:14

Hubo una transferencia de poder espiritual, autoridad, capacidad y gracia. Pablo luego le dijo a Timoteo que no descuidara lo que había recibido mediante impartición.

Todos nosotros necesitamos imparticiones de la unción. Podemos recibir algunas cosas directamente de Dios; otras cosas llegarán mediante el canal de otro individuo. Aunque la mayoría de personas reciben dones y llamados cuando nacen de nuevo y son bautizados en el Espíritu Santo, pueden llegar unciones adicionales por la vía de la imposición de manos y la profecía.

Cuando falta esta vía, el resultado será una falta de ministerios y unciones fuertes en la asamblea local. Necesitamos esta bendición de la impartición, que nos es dada por el Señor Jesucristo. Es importante que el Cuerpo de Cristo discierna y acepte esta función de los profetas; de otro modo, nos perderemos el depósito de unciones y dones que podrían haber llegado mediante la impartición profética. Todos los dones ministeriales, especialmente los que son jóvenes, pueden beneficiarse de recibir dones y unciones sobrenaturales adicionales mediante la profecía y la oración con imposición de manos.

Yo personalmente siento que cada don ministerial necesita el ministerio del profeta. Cuando permitimos que los profetas nos ministren por el Espíritu de Dios, el Señor puede impartir o depositar cosas en nuestras vidas. Necesitamos esas imparticiones para que nuestros ministerios sean eficaces. Algunos dones ministeriales faltan porque no han entrado en contacto con los profetas o porque no se ha permitido que los profetas profeticen a sus vidas. En otras palabras, lo que puede que falte en la operación de un don ministerial en la asamblea local es el ministerio profético. Sin impartición profética, los individuos no tendrán el equipamiento necesario para ministerios fructíferos y poderosos.

Esta capacidad de impartir es diferente del don de profecía, el cual es para edificación, exhortación y consolación. Quienes tienen el don de profecía puede que no tengan la capacidad de impartir del modo en que lo hace el profeta. Una persona con el oficio de profeta hace algo más que profetizar; él o ella también imparten. Se puede ver la diferencia cuando un profeta profetiza. Las palabras harán algo más que edificar, exhortar y consolar; también impartirán gracia espiritual a individuos y asambleas.

Equipar a los santos para el ministerio es algo más que sencillamente enseñarlos cómo hacerlo; también implica impartición. La Palabra de Dios es eficaz, pero no es suficiente por sí misma; de hecho, así lo dice mediante todos los ejemplos de actividad profética que incluye para nuestra enseñanza. En otras palabras, cuando se equipa a alguien, no sólo se le da la palabra de Dios sino que también se imparten los dones necesarios que la persona necesita para realizar la obra del ministerio, y el profeta desempeña un papel vital para equipar a los santos para la obra del ministerio.

Un buen ejemplo de impartición es cuando Elías fue tomado al cielo y su manto cayó a fin de que Eliseo pudiera recibirlo (2 Reyes 2). Como resultado directo, Eliseo recibió una doble porción del espíritu de Elías. Otro ejemplo de impartición fue cuando Moisés, mediante imposición de manos, impartió sabiduría a Josué (Deuteronomio 34:9).

Puede usted ver que los profetas hacen algo más que sólo profetizar; también imparten, transfieren y transmiten unciones y dones según el Espíritu de Dios dirija.

Confirmación

Según Romanos 1:11, el resultado de esta impartición es confirmación. Usted puede ser confirmado, firme y fuerte en su ministerio cuando recibe impartición por parte de los profetas mediante profecía e imposición de manos.

Es bastante probable que la razón por la cual muchos

dones no estén establecidos en las iglesias sea la falta de unción profética, la cual libera impartición, la cual, a su vez, hace que la provisión de Dios sea confirmada en las asambleas locales.

Yo creo que toda iglesia local necesita el ministerio de impartición del profeta. Sin la unción del profeta, ciertas cosas no quedarán confirmadas, fuertes o firmes en la iglesia local.

Poder

Otro resultado directo de la impartición profética es el poder espiritual. El Señor Jesús dio a sus discípulos poder sobre los espíritus inmundos y la enfermedad (Mateo 10:1). Él les impartió a ellos ese poder.

En 1 Samuel 10 vemos que llega impartición a Saúl cuando se reunió a la compañía de los profetas que profetizaban. El Espíritu del Señor vino a él, y eso dio como resultado que él fuese "convertido en otro hombre" (v. 6). Cuando los individuos entran en contacto con quienes tienen una unción profética, habrá una poderosa impartición.

Carácter

Hay que añadir unas palabras sobre la importancia de un carácter personal bueno y recto. La Palabra de Dios nos dice que no impongamos manos con ligereza a ninguno (1 Timoteo 5:22). Los profetas deberían imponer manos y profetizar a personas que hayan sido fieles y hayan desarrollado un buen carácter. Los individuos que no han desarrollado un carácter similar a Cristo no deberían recibir impartición de este tipo, porque terminarán operando en los dones y llamados de Dios con un mal carácter. Cuando las personas se dedican al ministerio con fallos de carácter, finalmente pueden resultar una caída y una posible vergüenza para el ministerio.

ACTIVACIÓN PROFÉTICA

La unción del profeta conlleva la capacidad de activar. Los profetas tienen la capacidad, mediante la profecía, no sólo de impartir sino también de avivar y prender ministerios y dones en individuos. El soplo de Dios se libera por medio de la profecía, y se imparte y se activa vida.

El profeta Ezequiel fue ordenado por el Señor que profetizase a huesos secos:

> Y profeticé como me había mandado, y entró espíritu en ellos, y vivieron, y estuvieron sobre sus pies; un ejército grande en extremo.
>
> —EZEQUIEL 37:10

Aquellos huesos secos representaban a la casa de Israel. Cuando Ezequiel profetizó, los huesos se juntaron. El profeta tiene la capacidad de profetizar que las personas se sitúen en su puesto correcto dentro del Cuerpo de Cristo.

Cuando Ezequiel profetizó, los huesos se cubrieron de tendones y de carne. Los tendones representan fuerza, y la piel representa forma. Los componentes necesarios se profetizan para que tengan una forma adecuada, y luego se añaden vida y fuerza, todo ello mediante el ministerio profético.

Con la activación profética, las asambleas locales tendrán mayor fuerza y forma adecuada. Las personas se situarán en sus puestos correctos. Cuando las personas están fuera de posición en la asamblea local, el resultado es confusión.

El ministerio profético también puede activar milagros, sanidades, y señales y maravillas en la asamblea local. Todos los dones del Espíritu son activados por medio del ministerio profético.

Si hay falta de unción en una asamblea local, el profeta puede activar y hacer que recobre vida cualquier cosa que esté latente y muerta. Muchos individuos tienen dones en ellos que necesitan ser avivados (activados). Si ellos mismos no han podido avivar esos dones, pueden ser activados mediante el ministerio profético.

Muchos santos tienen llamados desde el vientre de su madre (Jeremías 1:5). Hay un momento en particular en que ese llamado ha de ser activado, y el profeta tiene la capacidad, mediante el Espíritu de Dios, de activar ese llamado en particular según la voluntad del Espíritu de Dios.

El profeta también tiene la capacidad de poner en posición a las personas. Muchas iglesias están desorganizadas y sus miembros no están correctamente unidos en el espíritu. El profeta tiene la capacidad de hablar orden en la casa del Señor.

En resumen, el profeta tiene la capacidad de hablar vida a una situación. Eso es activación. Eso levantará al ejército de Dios. Mediante las palabras proféticas, las personas son correctamente situadas en las filas adecuadas. Esto puede llegar mediante represión, o corrección, o simplemente profetizando que la persona se sitúe en su posición correcta.

La Escritura afirma que los dones y llamamientos de Dios son irrevocable (Romanos 11:29). Algunas personas pueden sentir que han perdido su don o que Dios se lo ha quitado, cuando simplemente necesita activación porque está latente. El don puede estar latente debido al descuido o los obstáculos.

Yo con frecuencia me encuentro entre profetas que pueden hablar a mi vida y avivar y reactivar los dones que tengo. Los profetas tienen la capacidad de activar y avivar los dones de usted también. Eso "pondrá tendones y músculos en usted" y hará fuerte el don.

Activar ministerios

Había entonces en la iglesia que estaba en Antioquía, profetas y maestros: Bernabé, Simón el que se llamaba Niger, Lucio de Cirene, Manaén el que se había criado junto con Herodes el tetrarca, y Saulo.

Ministrando éstos al Señor, y ayunando, dijo el Espíritu Santo: Apartadme a Bernabé y a Saulo para la obra a que los he llamado.

Entonces, habiendo ayunado y orado, les impusieron las manos y los despidieron.

—HECHOS 13:1–3

El ministerio profético activa ministerios y los envía. Para Bernabé y Pablo, el llamado al apostolado ya estaba presente, pero necesitaba ser activado. En cierto momento o periodo, fue hora de que el llamado fuese activado y que los hombres fuesen enviados como apóstoles. Estos versículos parecen dar a entender que el ministerio profético, mediante la imposición de manos, contribuyó decisivamente a que Pablo y Bernabé fuesen enviados para comenzar su ministerio a los gentiles. Aunque el versículo 4 dice que fueron enviados por el Espíritu Santo, y el Espíritu Santo es quien llama, unge y envía ministerios, el Espíritu Santo usa canales humanos para llevar a cabo su obra. Fue importante el ministerio profético a fin de activar y liberar los dones ministeriales de Bernabé y Pablo.

Tanto la impartición como la activación proféticas son necesarias cuando los dones ministeriales son lanzados al ministerio. Quienes no se valen del ministerio profético, con frecuencia serán enviados prematuramente, sin la activación e impartición necesarias de unciones y dones espirituales. El llamado puede estar ahí, pero no la capacidad de cumplirlo.

Como sabemos, Pablo y Bernabé fueron enviados a un fuerte ministerio apostólico debido a la administración de profetas en la iglesia en Antioquía. En este tiempo, el Señor está levantando más iglesias Antioquía para enviar fuertes ministerios a la tierra.

CONFIRMACIÓN PROFÉTICA

Según el diccionario Webster, confirmar significa hacer firme, fortalecer, dar nueva seguridad a, quitar la duda. Cuando algo es firme, está seguramente o sólidamente fijo en su lugar; estará establecido, definido, y no será fácilmente movido o alterado. Cuando algo es confirmado, estará marcado por una larga continuación y probabilidad de persistir. Esa es la voluntad de Dios para los santos. El ministerio del profeta ha sido establecido en la Iglesia por y para la confirmación de los santos.

> Y Judas y Silas, como ellos también eran profetas, consolaron y confirmaron a los hermanos con abundancia de palabras.
>
> —HECHOS 15:32

Cuando los profetas ministran, el resultado será confirmación. Los santos estarán "firmes y constantes, creciendo en la obra del Señor siempre" (1 Corintios 15:58). Fue necesario que Judas y Silas ministrasen confirmación a aquella iglesia en particular debido a la falsa enseñanza. Las almas de los santos estaban siendo perturbadas (Hechos 15:24), lo cual significa que estaban siendo derribadas o derrocadas de su fundamento, debilitadas o arruinadas por grados; se habían quedado desestabilizadas. Cuando los santos son inestables, no abundarán en la obra del Señor. Después de recibir ministerio profético, aquellas iglesias fueron establecidas en la fe; fueron hechas firmes y fortalecidas con respecto a su salvación.

Dos o tres testigos

Es un principio espiritual que la verdad es establecida por la confirmación de dos o tres testigos.

> Esta es la tercera vez que voy a vosotros. Por boca de dos o de tres testigos se decidirá todo asunto.
> —2 Corintios 13:1

Los profetas pueden proporcionar otro testimonio. Puede que tenga usted un testigo en su espíritu con respecto a cierto asunto y aún no estar establecido en el hecho de que proviene del Señor. El Señor, en su misericordia, ha proporcionado el ministerio profético como otro testigo a fin de que seamos establecidos en la voluntad de Dios para nuestras vidas.

La Palabra de Dios nos dice que examinemos todas las cosas (1 Tesalonicenses 5:21). Cualquier cosa que provenga del Señor puede ser examinada o probada. Cuando la voluntad de Dios es confirmada por el ministerio profético, habrá seguridad y firmeza en lugar de zozobra y duda. El testimonio de Jesús es el espíritu de la profecía (Apocalipsis

19:10). La profecía es un testigo (testimonio). Este es el espíritu mismo de toda profecía: dar la confirmación y el testimonio de Jesús.

Resolver dudas

Encontramos en la Escritura esta interesante descripción de Daniel, que fue uno de los principales profetas:

> Por cuanto fue hallado en él mayor espíritu y ciencia y entendimiento, para interpretar sueños y descifrar enigmas y resolver dudas; esto es, en Daniel...
>
> —Daniel 5:12

Debido a que con mayor frecuencia concentramos nuestra atención en sus otras cualidades, rara vez observamos que *Daniel tenía la capacidad de resolver dudas*. Evidentemente, la unción del profeta resolverá las dudas, causando que las personas que reciben ministerio profético caminen en un mayor grado de fe y de seguridad. Tendrán un entendimiento más claro de la voluntad de Dios; recibirán confirmación, como mencioné anteriormente, pero también las dudas se irán de sus mentes.

Daniel pudo quitar toda duda y confusión del rey al interpretar sus sueños. Los santos que batallan con dudas y vacilación se beneficiarán de la confirmación profética ungida. Sus dudas desaparecerán, su nivel de fe será elevado, y serán capaces de avanzar con eficacia, sin vacilación. La confirmación profética destruirá la inconstancia y dará como resultado estabilidad en lugar de inestabilidad, haciendo posible que esas personas sean confirmadas hasta el fin.

El cual también os confirmará hasta el fin, para
que seáis irreprensibles en el día de nuestro Señor
Jesucristo.

—1 Corintios 1:8

Servicios de ordenación llenos del Espíritu

Ordenación es el acto de investir a alguien con autoridad
ministerial o sacerdotal. En Hechos 6:6 los apóstoles impusieron manos sobre los primeros diáconos para establecerlos
en sus oficios. Eso también fue una impartición de unción
apostólica que envió a Esteban y a Felipe a ministerios mila-
grosos. En la Iglesia primitiva, los obispos y ancianos eran
también ordenados del mismo modo y establecidos en sus
respectivos oficios.

Después de la muerte de los primeros apóstoles, la Iglesia
perdió la mayor parte de su poder, y la ordenación se convirtió
en algo principalmente ceremonial. Pero hoy día, el Señor está
restaurando la realidad y el poder de la ordenación para establecer varios ministerios en la Iglesia. Mediante el ministerio
apostólico y profético, pueden impartirse unciones a quienes
están siendo ordenados (ver 1 Timoteo 4:14). En los servicios
de ordenación de nuestra iglesia, llamamos a los profetas a
acercarse y profetizar a quienes son candidatos para la ordenación, lo cual denominamos presbiterio profético. Yo creo
que el presbiterio profético es necesario en esta época para
liberar fuertes dones ministeriales y que, como resultado, los
servicios de ordenación ya no deberían ser meramente cere-
moniales, sino estar llenos del poder y la unción del Espíritu

Santo. Permitir que los profetas fluyan en esta operación lanzará fuertes ministerios.

Al permitir y fomentar diferentes operaciones proféticas, veremos más de los beneficios del Espíritu establecidos en la casa del Señor. No podemos volvernos adictos a un tipo de administración, sino que debemos recibir todo lo que el Señor tiene para nosotros. De este modo, podemos ser llenos de toda la plenitud de Dios (ver Efesios 3:19).

Vemos que los profetas pueden ministrar y proporcionar ayuda mediante revelación, impartición, activación y confirmación. Por medio de estas distintas operaciones, los profetas pueden hablar y ministrar a los santos con la autoridad que es dada por gracia. Dios ha proporcionado esas ayudas espirituales para la Iglesia para que pudiéramos ser cambiados a la imagen de Jesucristo. Gracias a Dios por las diferentes funciones de los profetas. Que liberemos y recibamos este importante ministerio y que, por medio de él, tomemos de la gracia de Dios que ha sido depositada entre nosotros.

Capítulo 4

ENTENDER EL OFICIO DE PROFETA

L A IGLESIA ES una comunidad profética. Dios ha establecido profetas en la Iglesia porque son importantes para la salud y la fortaleza de la asamblea local. Al tener una tremenda autoridad y la capacidad de traer gran bendición a quienes reciben su ministerio, los profetas deberían funcionar bajo la ley del nuevo pacto, bajo la cual son aceptados como portadores de uno de los dones ministeriales establecidos por Dios para perfeccionar a los creyentes (ver Efesios 4:11-12). Los profetas ya no deberían tener que funcionar bajo la mentalidad de rechazo, persecución y exilio del antiguo pacto. Los profetas necesitan estar integrados en los fundamentos de la vida de una iglesia sana.

AUTORIDAD PROFÉTICA

Jeremías nos da un cuadro de la autoridad de un profeta:

> Mira que te he puesto en este día sobre naciones
> y sobre reinos, para arrancar y para destruir, para
> arruinar y para derribar, para edificar y para
> plantar.
>
> —Jeremías 1:10

Esto es cierto no solo para los profetas del Antiguo Testamento, sino también para los profetas de la actualidad. Cuando los profetas hablan, las proclamaciones que salen de sus bocas están cargadas de la unción y el poder de Dios; llevan autoridad divina. Esa autoridad es dada a los profetas por la gracia de Dios, y es dado por dos razones:

1. Para la destrucción del reino de Satanás

2. Para el establecimiento del reino de Dios

En este capítulo exploraremos las formas concretas en que los profetas funcionan para derribar el reino de las tinieblas y traer el reino de la luz de Dios. El reino de las tinieblas produce pecado, rebelión, enfermedad y pobreza, pero el reino de Dios es justicia, paz y gozo en el Espíritu Santo (Romanos 14:17).

Todos los dones ministeriales tienen el llamado, y son responsables, de establecer justicia, paz y gozo en el Espíritu Santo, pero la autoridad de los profetas los capacita para desarraigar, derribar, destruir y arruinar las obras del diablo. Los profetas también tienen autoridad para edificar y plantar el reino de Dios. Aunque el resultado final de salir contra el reino de Satanás es hacer espacio para el reino de Dios, con frecuencia parece que se hace el doble de hincapié en destruir el reino de las tinieblas al compararlo con edificar el reino de Dios.

Quienes operan en la unción profética parecen encontrarse siendo lanzados a la guerra espiritual frecuentemente y estando en conflicto directo con las potestades de las tinieblas. La unción profética con frecuencia es confrontacional. Un ejemplo de esa unción confrontacional es Elías, quien desafió y confrontó a las potestades de idolatría en el monte Carmelo. Debido al oficio de profeta, él pudo derribar la fortaleza de Baal que gobernaba Israel. Como resultado del ministerio de Elías, finalmente llegó juicio sobre la casa de Acab.

Mediante las proclamaciones de los profetas, espíritus malos son desarraigados de los lugares donde moran. Quienes tienen el oficio de profeta hablan con más autoridad que los creyentes que profetizan por el espíritu de profecía o por el simple don de profecía. Las palabras de los profetas son como un hacha puesta a la raíz de los árboles (Lucas 3:9). Por medio de sus palabras divinamente inspiradas, cada árbol que no lleve fruto es cortado y echado al fuego. En medio del verdadero ministerio profético, solamente lo que sea fructífero y productivo para el Reino permanecerá.

Destruir fortalezas

> Porque las armas de nuestra milicia no son carnales, sino poderosas en Dios para la destrucción de fortalezas.
>
> —2 Corintios 10:4

A Jeremías el profeta se le dio autoridad sobre reinos y naciones. Los profetas tienen autoridad sobre reinos demoníacos.

Satanás establece fortalezas demoníacas en individuos, familias, iglesias, ciudades y naciones. La unción del profeta es un arma espiritual en manos del Señor para destruir fortalezas.

Yo he visto llegar liberación por medio de profetizar a individuos, familias y asambleas locales. He visto a personas llorar y quedar quebrantadas tras recibir palabras proféticas. Los profetas normalmente tienen una fuerte unción de liberación; como resultado, el ministerio del profeta proporciona liberación y la destrucción de fortalezas.

> Y por un profeta Jehová hizo subir a Israel de Egipto, y por un profeta fue guardado.
>
> —Oseas 12:13

El profeta tiene la responsabilidad de ministrar la palabra de Dios tanto como él o ella profetiza por el Espíritu de Dios. Esta unción combinada proporciona la capacidad de traer liberación al pueblo de Dios de manera única. Yo he visto a pastores batallar con fortalezas en asambleas locales que ellos eran incapaces de destruir. La unción del pastor es importante, pero puede que sea necesaria una unción diferente para derribar ciertas fortalezas. Eso no eleva al profeta por encima del pastor en la asamblea local, porque todos somos colaboradores juntamente con Dios; sin embargo, los pastores necesitan discernir la importancia de la unción del profeta para destruir fortalezas.

Desarraigar el mal

> Pero respondiendo él, dijo: Toda planta que no plantó mi Padre celestial, será desarraigada.
>
> —Mateo 15:13

Jesús se estaba refiriendo a los líderes religiosos de aquella época. Su ministerio estaba causando que ellos quedasen ofendidos, y debido a que estaban ofendidos, se estaba produciendo un desarraigo en el espíritu. Cuando las personas son desarraigadas por medio del ministerio profético, con frecuencia quedarán ofendidas. Finalmente, todo el sistema de religión en Judá y Jerusalén fue desarraigado, y el pueblo judío fue dispersado.

El enemigo había plantado cizaña entre el trigo (ver Mateo 13). El enemigo puede plantar a ciertas personas en asambleas locales para causar confusión y dañar la obra del Señor. Los profetas son quienes tienen la unción de desarraigarlas.

Si quienes causan problemas son desarraigados sin la unción, puede resultar daño. Por eso el Señor les dijo a sus siervos que no intentasen recoger la cizaña, para que a la vez que recogían la cizaña, no "arranquéis también con ella el trigo" (Mateo 13:29).

Desarraigar un espíritu o influencia demoníaca no es algo que pueda hacerse en la carne. Un espíritu o influencia demoníaca debe ser desarraigado en el poder del Espíritu de Dios.

> Su confianza será arrancada de su tienda, y al rey
> de los espantos será conducido.
> —Job 18:14

Hay momentos en que el profeta no es consciente, en lo natural, de lo que se está logrando en el espíritu. El verdadero desarraigo puede que no se produzca hasta después de que el profeta se haya ido de la escena, algunas veces hasta años después. Lo que está teniendo lugar en lo natural puede que sea el resultado de lo que ha sucedido en el espíritu hace años. Lo que vemos en lo natural es sólo un reflejo de lo que está teniendo lugar, o lo que ya ha tenido lugar en el espíritu.

Destruir las obras del diablo

Los verdaderos profetas son capaces de destruir las obras del diablo. Muchas personas, incluyendo pastores, tienen temor al ministerio profético porque tiene mucho poder; sin embargo, el pastor recto no debería tener temor, porque el verdadero ministerio profético solamente destruirá lo que es del diablo, y nunca destruirá lo que es del Señor. El verdadero ministerio profético establecerá las cosas del Espíritu a la vez que destruye las cosas del diablo.

Desgraciadamente, mucho de lo que sucede en asambleas locales es de la carne, y hasta algunas veces demoníaco. El ministerio de profeta destruirá lo que es de la carne y demoníaco y establecerá santidad y pureza en la casa del Señor. Los profetas aborrecen lo que Dios aborrece (Salmo 139:21-22); por eso los profetas con frecuencia serán criticados por no ser más "tolerantes".

El don profético no deja lugar para la concesión. De hecho, un profeta que haga concesiones pronto perderá su eficacia, y finalmente será juzgado por el Señor. Esto no es decir que los profetas tienen derecho a ser ofensivos o a ministrar en la carne. Los profetas deben ministrar en el espíritu todo el tiempo. Un profeta que intente ministrar en la carne terminará destruyendo y dañando aquello que es del Señor en lugar de aquello que es el del diablo. Lo mismo sucede con cualquier don ministerial. Ministrar de cualquier manera en la carne causa reproche y daño.

Los verdaderos profetas siempre tendrán amor y compasión por las personas, y también correspondiente aborrecimiento e intolerancia por las obras del diablo. No confundamos aborrecimiento e intolerancia por las obras del diablo con ser duro o crítico, lo cual es una respuesta carnal. Debemos discernir entre la operación de la carne y la administración del Espíritu Santo. Sin un discernimiento y entendimiento adecuados, juzgaremos mal a los profetas y los rechazaremos, privando así al Cuerpo de Cristo de un don ministerial muy importante.

Derribar la idolatría

> Y así como tuve cuidado de ellos para arrancar y derribar, y trastornar y perder y afligir, tendré cuidado de ellos para edificar y plantar, dice Jehová.
>
> —JEREMÍAS 31:28

Se ordenó a la nación de Israel entrar en Canaán y derribar los altares de los malvados. Ellos debían desarraigar la nación de Canaán por su iniquidad. Israel tenía que desposeer a los cananeos antes de poder entrar y poseer la Tierra Prometida. Observemos que antes de edificar y plantar está desarraigar y derribar. Esta es una parte desagradable del ministerio, pero necesaria, de todos modos.

La unción de profeta es así; es una unción de confrontación y guerra espiritual. En primer lugar viene la confrontación y la guerra espiritual; en segundo lugar viene edificar y plantar. Más de un profeta se ha echado atrás a la hora de confrontar el mal debido a un temor carnal e intimidación. La guerra espiritual es desagradable para el alma; sin embargo, si un profeta permite que la unción le transforme "en otro hombre"

(1 Samuel 10:6), la fuerza de la unción prevalecerá sobre la intimidación del alma y causará que la persona pueda levantarse y derribar los altares del pecado (Oseas 8:11).

Con frecuencia en el ministerio, los profetas no entenderán por qué eso que están ministrando va en cierta dirección. En el espíritu, los profetas pueden encontrarse con rebelión, control, brujería y orgullo en una asamblea sin saber en lo natural nada sobre lo que está sucediendo en la congregación. A veces la dirección es la opuesta totalmente a lo que ellos comenzaron ministrando en la Palabra. La unción y la dirección del Espíritu Santo harán que los profetas golpeen áreas de pecado y de rebelión en el espíritu sin conocimiento en lo natural.

AUTORIDAD PARA EDIFICAR

Además de destruir, desarraigar, derrocar y derribar las obras del diablo, el profeta también edifica el Cuerpo de Cristo. Ese es su ministerio de edificación, exhortación y consolación. Los profetas tienen un fuerte aborrecimiento de las obras del diablo, pero también tienen un amor y compasión genuinos por el pueblo de Dios, y los santos serán edificados por medio del verdadero ministerio profético. Cuando la iglesia es edificada de este modo, las puertas del infierno no podrán prevalecer contra ella.

Siempre necesitamos recordar que el propósito de derribar fortalezas es edificar el reino de Dios. La guerra espiritual no es un fin, sino más bien un medio para lograr un fin. Quienes han sido llamados al ministerio profético siempre deben mantener su enfoque en el objetivo, que es edificar la iglesia.

Es posible perder el enfoque. No hay garantía de motivos puros. Si el profeta pierde el enfoque, termina haciendo un daño considerable a la obra del Señor. A veces, los profetas desarrollan lo que yo denomino una mentalidad "*de explosión*". Sólo quieren explotar todo lo que no sea semejante a Dios.

Recordemos que la misión de Juan el Bautista era preparar a un pueblo para la venida del Señor. Él habló contra la maldad y el pecado, pero también anunció la llegada del reino de Dios. Del mismo modo, los profetas deben ocuparse no sólo de las obras del enemigo sino también de las necesidades del pueblo; deben equilibrar su ministerio con amor y compasión, y deben evitar ministrar en un espíritu duro, crítico o amargo. Ellos tienen la responsabilidad de ministrar la Palabra en amor; tienen la responsabilidad de edificar la casa del Señor.

Plantados para florecer

> Plantados en la casa de Jehová, en los atrios de nuestro Dios florecerán.
> —SALMO 92:13

Cuando las personas sean expuestas al verdadero ministerio profético, serán *plantadas* en la casa del Señor. Quienes son plantados florecerán en todos los aspectos. Ser *plantado* significa ser arraigado. Las personas en el ministerio profético pueden desarraigar lo que el enemigo ha plantado, y pueden plantar en asambleas locales lo que ha sido ordenado por el Señor.

En las iglesias locales, yo he visto a personas venir con vacilación en ser plantadas; puede que flaqueen, y puede que no sean confiables para ayudar en la obra del Señor. Por medio de la unción de profeta, un profeta puede ministrar fortaleza y seguridad a tales santos que dudan y establecerlos en la casa del Señor.

No necesitamos más miembros de iglesias que no estén arraigados y plantados. Necesitamos santos que estén plantados en la casa por el Señor. Quienes están plantados desarrollarán raíces fuertes, y serán como árboles plantados junto a ríos de agua viva. Lo que el Señor planta serán cristianos fructíferos que estarán firmes, inamovibles y siempre abundando en la obra del Señor (1 Corintios 15:58). Cuando recibamos el ministerio profético, nos convertiremos en árboles de justicia, el plantío del Señor (Isaías 61:3).

Yo estoy firmemente convencido de que una de las razones por las cuales no tenemos más cristianos fructíferos en nuestras asambleas locales es la falta de un verdadero ministerio profético. Por años yo he ministrado y he dicho a las personas que se necesita la unción para perfeccionar a los santos. Cada don ministerial tiene una unción distintiva. Cada don ministerial tiene una capacidad divina de edificar la iglesia. Los profetas tienen una unción y una capacidad para edificar y plantar. Sin esa unción, habrá áreas en las cuales los santos no sean edificados y cosas no sean plantadas.

Para resumir, los profetas tienen la autoridad de Dios de *desarraigar*, de *derribar*, de *destruir*, de *derrocar*, de *edificar* y de *plantar*. Esos serán los resultados identificables de la palabra del Señor que sale de las bocas de los profetas.

ENTRAR EN EL FLUIR

Los profetas nunca deben usar su autoridad para controlar al pueblo de Dios o abusar de él. El control y el dominio son formas de brujería. Para asegurarse contra el abuso de su autoridad, los profetas deben trabajar para desarrollar un carácter piadoso, y deben caminar en humildad.

Los profetas también pueden trabajar juntos en equipos. Los equipos ayudan a los profetas a ser equilibrados, y el trabajo en equipo proporciona una sana barrera contra el orgullo, el aislamiento y la exclusividad. Tenemos a muchos profetas reconocidos en nuestra asamblea local, y ellos entienden que el trabajo en equipo es el camino a seguir.

Necesitamos estar conectados con personas que fluyan con fuerza en el ministerio profético. Cuando usted entra en lo profético, toda una nueva esfera de autoridad y de capacidad espiritual se abre para usted. Puede moverse en música profética, la cual incluye tocar proféticamente, cantar cantos proféticos, y cantar nuevos cantos. Usted necesita ser capaz de entrar en el fluir.

> Enviará su palabra, y los derretirá; soplará su viento, y fluirán las aguas.
>
> —Salmo 147:18

Cuando está usted en el fluir, no profetizará sólo a otros santos; también comenzará a profetizar a Dios y a principados y potestades. Puede usted profetizar a demonios y reinos en la esfera espiritual. Es así como sucede el derribo de fortalezas. El profeta Jeremías fue ungido por Dios para profetizar a reinos y naciones; él tenía autoridad para derribar reinos y para ejercer dominio sobre naciones.

Según 1 Corintios 2:10, el Espíritu escudriña lo profundo de Dios. El versículo doce dice que se nos ha dado el Espíritu de Dios para que podamos conocer las cosas que Dios nos da gratuitamente. Por tanto, profetizar a Dios es hablarle a Él desde su espíritu según las profundidades de revelación que el Espíritu de Dios le haya dado a usted.

Dios ya sabe lo que Él va a hacer. El problema llega cuando Dios tiene que tener a alguien en la tierra para cumplir su plan. Puede haber cosas en los lugares celestiales que Dios quiere hacer. Dios lo sabe, porque Él lo ha decretado. Jesús, el Espíritu Santo y los ángeles son conscientes de ello; todo el cielo está unido, pero es diferente cuando Dios trata de que se establezca en la esfera de la tierra.

Cuando usted comienza a profetizar de su espíritu, eso es Dios fluyendo de usted. Todo lo que sea atado en el cielo será atado en la tierra. Cualquier cosa que Dios establezca en el cielo y haga fluir por medio de nosotros en la tierra, eso es exactamente lo que será establecido en la esfera terrenal.

Una de las oraciones que hacemos dice: "Venga tu reino. Hágase tu voluntad, como en el cielo, así también en la tierra" (Mateo 6:10). Es el Dios del cielo que está en usted, hablando por medio de usted en la tierra, uniendo el cielo con la tierra. Él desea cumplir su plan en la esfera terrenal para que podamos caminar y vivir en su voluntad. Nosotros no tratamos de ser Dios; sólo somos sus instrumentos. Sabemos que, sin Dios, no podemos hacer nada.

La mayoría de nosotros nunca hemos entendido la autoridad que tenemos en la esfera profética. Pensamos que somos muy distintos de los grandes profetas de antaño que caminaron en una tremenda autoridad. Josué tuvo autoridad para detener el movimiento celestial, para detener la luna y el sol. Moisés caminó en suficiente autoridad para abrir un camino en medio del mar Rojo. Aquellos hombres de Dios sabían cómo fluir en la esfera profética.

La mayoría del pueblo de Dios, la mayoría de las iglesias, no saben cómo fluir en ese tipo de autoridad. Por eso nos quedamos sentados jugueteando con nuestros dedos, esperando que Dios lo haga todo de modo automático. Solamente imaginemos a Moisés en la orilla del mar Rojo, con el ejército egipcio persiguiendo a los israelitas, simplemente "esperando que Dios hiciera algo". Eso habría sido el final de la historia en aquel momento; todos habrían muerto.

Muchas veces Dios está esperando que nosotros fluyamos con Él. Su unción, su iniciativa y su poder están ahí para nosotros, pero ya que a la mayoría de nosotros no nos han enseñado cómo, no sabemos cómo fluir en lo profético. Yo he descubierto que con frecuencia, en una conferencia, es muy difícil llegar a cantos proféticos porque hay muchas personas religiosas en ese servicio que no saben cómo fluir proféticamente. Cuando yo me levanto para profetizar o para dar un mensaje en lenguas, ellos saltan, cantan y aplauden porque nunca se les ha enseñado cómo fluir en la unción. Sus actos no están mal, pero están fuera de lugar, y desbaratan todo el servicio. La iglesia entera necesita aprender cómo fluir con la unción.

> ¡Mirad cuán bueno y cuán delicioso es habitar los hermanos juntos en armonía!
> —Salmo 133:1

La unción desciende desde la cabeza

Si quiere una iglesia profética, debe tener un liderazgo profético, porque la unción siempre fluye desde la cabeza hacia abajo. En el libro de Salmos, la Biblia dice que cuando Aarón fue ungido, el aceite descendió desde su cabeza hasta los bordes de sus vestidos. La unción siempre fluye hacia abajo; no fluye hacia arriba.

Si el liderazgo de una asamblea local no fluye en la unción profética, entonces las personas no fluirán en profecía. Si el liderazgo no fluye en milagros, la congregación no fluirá en milagros. Por eso es fútil que las personas que agarran y entienden algo en una conferencia crean que van a llevarlo a sus iglesias y a transformarlas con ello. A menos que ellos mismos sean líderes en la iglesia, estarán tratando de hacer que la unción fluya hacia arriba.

No me importa cuánto sepa usted sobre liberación o profecía; si intenta usted introducirla en su iglesia en lugar de que lo hagan los líderes, terminará usted herido y defraudado; desperdiciará años intentando crear un mover espiritual en esa iglesia, pero no funcionará porque usted no tiene la autoridad, a menos que entre en la esfera profética de orar y ore para que se produzca.

Tiene usted que entrar en la autoridad en el mundo espiritual a fin de hacer que se manifiesten cosas en su iglesia local. Dios entonces lo pondrá en el corazón de su pastor, y fluirá bajo la autoridad de ese pastor. Cualquier otro mover en una iglesia es un levantamiento rebelde, y Dios no puede bendecirlo.

> Entonces Jehová descendió en la nube, y le habló; y tomó del espíritu que estaba en él, y lo puso en los setenta varones ancianos; y cuando posó sobre ellos el espíritu, profetizaron, y no cesaron.
> —NÚMEROS 11:25

Dios quiere un pueblo profético, y Él busca personas que fluyan en milagros; pero usted nunca fluirá en milagros antes que su liderazgo. Cuando su liderazgo comience a fluir en milagros, esa unción fluirá hasta todos aquellos que estén bajo su autoridad. Siempre funciona de ese modo.

Por eso puede usted ir a algunas iglesias y, si el liderazgo no está fluyendo en lo profético, es probable que no vaya a haber mucha profecía, sin importar lo mucho que quiera usted fluir en lo profético. No nacerán muchos cantos nuevos, aunque usted personalmente pueda ser capaz de fluir en esa unción.

Yo sé que usted puede ministrar a personas el día entero, pero a menos que el liderazgo esté por delante de ellas, la iglesia no será eficaz hasta el grado en que Dios desea. Se debe a que los líderes están manteniendo a la gente fuera de esa esfera. Recuerde que usted no puede ir más allá de su liderazgo.

Por esa razón, mi corazón está dirigido a quienes están en liderazgo; por eso trato de alcanzar a pastores y líderes, pues es muy importante ministrarlos primero a ellos. Sea usted líder o no, ore por el liderazgo de la iglesia. Dios está levantando líderes proféticos, personas de autoridad, personas que podrán fluir en milagros. Ellas ministrarán y, cuando lo hagan, la unción descenderá sobre el pueblo de Dios hasta el grado en que sigan a sus líderes en diferentes esferas del Espíritu de Dios.

Capítulo 5

PROFETAS QUE PROTEGEN

L A IGLESIA CON frecuencia ha supuesto que los pastores son los guardianes espirituales de ella, a la vez que ha rechazado el ministerio de los profetas. Sin embargo, el objetivo nunca fue que la Iglesia funcionase sólo con pastores sirviendo como protectores del pueblo; también se han establecido profetas en la Iglesia para ayudar a cumplir este importante papel (1 Corintios 12:28). Las iglesias que pasan por alto este aspecto del ministerio profético no podrán soportar los ataques del infierno en los últimos tiempos.

Oseas 12:13 nos revela que una de las principales funciones del ministerio de profeta es la preservación:

> Y por un profeta Jehová hizo subir a Israel de Egipto, y por un profeta fue guardado.

Israel fue librado de Egipto mediante el ministerio del profeta Moisés, y después Israel fue guardado mediante la intercesión de Moisés (Números 14:11-20).

La palabra *preservar* significa guardar de dolor, daño, peligro o maldad; también significa proteger o salvar. En hebreo, la raíz es *shamar*. *Shamar* significa cercar (como con espinos), guardar, proteger, cuidar y mantener. La palabra *shamar* se utiliza por primera vez en la Escritura en Génesis 2:15, cuando a Adán se le dice que guarde (*shamar*) el huerto. También se menciona en Génesis 4:9, donde Caín le pregunta a Dios si él es el guarda de su hermano (*shamar*).

Shamar

La palabra *shamar* hace hincapié en el elemento protector del manto de profeta. El aspecto de preservación y de guarda del ministerio de profeta es necesario en toda iglesia local. Muchos pastores bien intencionados han sufrido innecesariamente debido a la falta de entendimiento de este aspecto del ministerio del profeta. El aspecto shamar del ministerio de profeta es uno de los más importantes, y beneficiará mucho a la iglesia.

La iglesia local se mantiene segura mediante la intercesión profética, el discernimiento profético, la alabanza profética, la predicación profética, la enseñanza profética, y la adoración profética. Así es como la iglesia está mejor defendida. Sin una revelación del aspecto shamar del ministerio profético, una iglesia local sufrirá de muchos ataques que pueden ser desviados.

Cada iglesia debería identificar, desarrollar y formar a los profetas shamar que hayan sido establecidos por Dios en su asamblea. Una revelación de la importancia del ministerio de los profetas shamar es vital para el éxito y la salud a largo plazo de toda iglesia. Debido a que el papel de los profetas shamar es tan importante, dedicaré la mayor parte de este capítulo y el siguiente a una explicación de cómo ellos pueden ayudar a los pastores de iglesias a proteger y defender a sus rebaños.

Vigía

Shamar significa guardar, proteger, ser un vigía. Puede referirse a guardar un rebaño, el corazón, la mente, una nación o a una ciudad de un ataque exterior o de influencias impías. Se utiliza en referencia a guardar las puertas o entradas a ciudades. Cada iglesia local necesita una guardia profética, que no es un solo profeta sino una compañía de profetas que ayudan a guardar la iglesia de la invasión del enemigo. Las iglesias que desarrollan el ministerio profético tendrán la ventaja de estar protegidas mediante la intercesión profética y el aspecto shamar del ministerio profético.

Guardar significa varias cosas. Puede significar proteger, vigilar, mantener guardia sobre, patrullar, asegurar, defender, blindar, escudar, cubrir, ocultar, preservar, salvar, conservar, supervisar, mantener bajo vigilancia o control, mantener bajo guardia, gobernar, refrenar, suprimir, mantener vigilancia, estar alerta, o cuidar. Sinónimos de *guarda* incluyen: protector, defensor, guardián, custodio, vigilante, centinela, patrulla y guarnición. Estas palabras nos ayudan a visualizar y definir el aspecto shamar del ministerio profético.

Los componentes shamar del manto profético pertenecen al papel del profeta como guardián que cuida del rebaño que tiene a su cargo. Se aplica a la función de guardián del oficio, al aspecto del ministerio profético que hace que la persona sea como un centinela o un protector. Shamar a un pueblo es obrar proféticamente, rodear al pueblo o a la iglesia con un muro divino de protección, o sellar de nuevo la brecha en la protección mediante la cual el diablo ha entrado con asaltos, ataques y guerra espiritual satánica.

Veamos los ejemplos de la Biblia que utilizan la palabra *shamar*:

> Si Jehová no edificare la casa, en vano trabajan los que la edifican; si Jehová no guardare la ciudad, en vano vela la guardia.
>
> —SALMO 127:1

> Mi alma espera a Jehová más que los centinelas a la mañana, más que los vigilantes a la mañana.
>
> —SALMO 130:6

> Sobre tus muros, oh Jerusalén, he puesto guardas; todo el día y toda la noche no callarán jamás. Los que os acordáis de Jehová, no reposéis.
>
> —ISAÍAS 62:6

> Me hallaron los guardas que rondan la ciudad, y les dije: ¿Habéis visto al que ama mi alma?
>
> —CANTARES 3:3

Podemos ver que las tareas de los vigías en la iglesia se realizan mediante la oración, las intercesiones, y las peticiones del profeta por el cuerpo local de creyentes. Tal guarda consistiría en el equipo de oración, los intercesores especiales, salmistas dedicados, videntes, y profetas subordinados. Es la palabra *shamar* la que subraya el estatus de los profetas como guardas espirituales, guerreros, quienes aplican sobrenaturalmente, y guardadores de las iglesias de Dios. Sin la ayuda de los vigías, los pastores no pueden cuidar de sus rebaños y, como resultado, el pueblo de Dios se convierte en presa fácil para las fuerzas del enemigo:

> Ovejas perdidas fueron mi pueblo; sus pastores las hicieron errar, por los montes las descarriaron; anduvieron de monte en collado, y se olvidaron de sus rediles. Todos los que los hallaban, los devoraban; y decían sus enemigos: No pecaremos.
>
> —Jeremías 50:6–7

Construir un vallado de protección

Además, la palabra *shamar* identifica a un profeta que rodea para retener y atender, como se hace un jardín. La autoridad espiritual del profeta actúa como un vallado o guarnición alrededor de una congregación asignada para cubrirla contra el daño, el ataque o entradas demoníacas. La protección contra intrusos, como nos referimos aquí, incluye protección contra el deterioro, la destrucción, la invasión, y las amenazas que resultan de los intrusos espirituales y humanos en la iglesia.

> He aquí, no se adormecerá ni dormirá el que guarda [shamar] a Israel. Jehová es tu guardador [shamar]; Jehová es tu sombra a tu mano derecha. El sol no te fatigará de día, ni la luna de noche. Jehová te guardará [shamar] de todo mal; El guardará [shamar] tu alma. Jehová guardará [shamar] tu salida y tu entrada desde ahora y para siempre.
>
> —Salmo 121:4–8

Podemos ver por estos versículos que Dios shamar a su pueblo. Dios ama a su pueblo y lo protege. El aspecto shamar del ministerio profético es una parte de la naturaleza de Dios. Dios nunca se duerme ni se adormece; Él siempre está alerta. Dios nos shamar del mal. Dios shamar nuestras almas (nuestras mentes, voluntades y emociones). Dios shamar nuestra entrada y nuestra salida (nuestros viajes). Proteger es la naturaleza de Dios. La protección de Dios es una parte de nuestro pacto con Él, y los profetas *shamar* son, por tanto, una parte práctica de nuestra relación de pacto con Dios.

Papel y posición

Hay veces en que tipos heréticos o renegados que recayeron se unen a una iglesia para sembrar semillas de destrucción en ella. El ojo vigilante del profeta residente puede detectar a esas personas y causar incomodidad espiritual en ellas a fin de que se sientan mal entre el rebaño y se vayan tranquilamente.

Algunos líderes consideran a los profetas sólo como ministerios translocales; según su punto de vista, solamente el papel del pastor es estacionario. Desde luego, es siempre una bendición traer a profetas desde fuera para ministrar a una congregación, pero eso no sustituye a los profetas que están estacionados en la iglesia, profetas shamar que son parte de la iglesia local, al igual que lo es el pastor.

Los profetas necesitan un entendimiento de su papel y posición en la iglesia local. Tener una revelación del aspecto shamar del manto de profeta los ayudará a cumplir sus ministerios más plenamente.

El aspecto shamar del ministerio de profeta también puede verse en la vida de Samuel:

> Así fueron sometidos los filisteos, y no volvieron más a entrar en el territorio de Israel; *y la mano de Jehová estuvo contra los filisteos todos los días de Samuel.*
>
> —1 SAMUEL 7:13, énfasis añadido

Los filisteos fueron sometidos y no pudieron entrar en las costas de Israel mientras Samuel vivía. Esto nos da una buena imagen del poder de la presencia de un profeta.

El enemigo aborrece al profeta porque la presencia del profeta frustra sus avances, y por eso él ha hecho todo lo posible por evitar que los profetas sean reconocidos y estén operativos en la iglesia, y sus esfuerzos son visibles con frecuencia si buscamos incredulidad autolimitadora, temor o tradición.

MANIFESTACIONES DE AVANCES DEL ENEMIGO

Podemos regocijarnos de vivir en una época en que vemos la restauración del ministerio profético y una correspondiente liberación de revelación y entendimiento con respecto a este ministerio.

Los profetas shamar ayudan a guardar a la iglesia contra:

- Acusación
- Apatía
- Murmuración
- Recaída
- Traición

- Carnalidad
- Compromiso
- Confusión
- Confusión y desorden
- Control
- Codicia
- Muerte
- Engaño
- Destrucción
- División
- Doctrinas de demonios
- Falsos profetas, apóstoles y maestros
- Falsa enseñanza
- Ataques financieros
- Crítica
- Avaricia
- Idolatría
- Inmoralidad
- Celos
- Jezabel
- Legalismo
- Tibieza
- Orgullo
- Rebelión
- Enfermedad y muerte
- Calumnia
- Pereza
- Peleas
- Traición
- Brujería

Además de identificar esos potenciales enemigos, los profetas shamar debieran buscar a Dios a fin de poder desarrollar estrategias para resistirlos, expulsarlos y vencerlos en el poder del Espíritu Santo. Esas estrategias pueden incluir: oración, ayuno, adoración, enseñanza, predicación, corrección y expulsión manifiesta. En otras palabras, los profetas deberían hacer algo más que clamar: "Así dice el Señor". Eso no será adecuado; como defensa, es insuficiente. Los profetas shamar son parte de la comunidad del pacto y tienen un interés personal en la salud del rebaño. Ellos no son personas ajenas que miran. Deben amar a la iglesia; deben experimentar el gozo de la victoria y la tristeza de los ataques del enemigo sobre los santos a quienes ellos aman. Jeremías lloró por Israel porque él era parte de Israel y sufría con Israel. Los profetas deben entender que Dios los ha "puesto" en la iglesia, lo cual significa que han sido nombrados, establecidos, o posicionados en ese papel.

Los profetas shamar ayudan a proteger la predicación, la enseñanza, el evangelismo, la adoración y la intercesión de la iglesia local. Ayudan a identificar y confrontar los espíritus religiosos, los espíritus ocultistas, los espíritus de pecado, el orgullo, la rebelión y la brujería.

Los profetas shamar son el sistema inmunitario espiritual de una iglesia local. Ellos ayudan a acabar con la enfermedad espiritual que es el esfuerzo de Satanás por minar la salud de la iglesia. Los profetas shamar son necesarios para la salud general de la iglesia.

El profeta shamar ayuda a proteger la visión de la iglesia. También ayuda a confirmar la visión de la iglesia; ayuda a rechazar el ataque de Satanás a la visión de la iglesia. Debe compartir un celo divino por la salud de la iglesia y por los propósitos de Dios para la iglesia (ver 2 Corintios 11).

Problemas que pueden ocurrir sin la unción shamar

A veces no es suficiente con hablar solamente sobre lo que "debería ser". Con frecuencia, solamente llegamos a convencernos de una necesidad cuando vemos las convincentes necesidades que nos rodean. En una asamblea local, problemas como los siguientes revelan los agujeros que hay en las defensas de la iglesia. Sin una unción *shamar* operativa, estos problemas son muy comunes:

- Accidentes
- Apatía
- Ataques al pastor y la familia
- Recaída
- Relaciones rotas
- División en la iglesia
- Confusión
- Conspiraciones
- Control y dominio
- Divorcios y separaciones
- Fracasos en el liderazgo
- Falsos hermanos
- Falsos profetas, falsos maestros, falsos apóstoles
- Falsa enseñanza, error o herejía
- Problemas familiares
- Reveses financieros
- Estorbos, obstáculos u obstrucciones
- Inmoralidad

- Luchas internas y división
- Pérdida de unción
- Manipulación
- Ocultistas
- Personas que dejan la iglesia
- Muertes prematuras
- Satanistas
- Estancamiento
- Enfermedades inexplicables
- Hechiceros
- Brujas
- Lobos que entran en el rebaño

Espíritus contra los que guerrear

Hay ciertos espíritus que atacarán a las congregaciones. Estos espíritus parecen especializarse en minar el Cuerpo de Cristo en cada localidad. Con el tiempo, la iglesia les ha dado nombres bíblicos para identificarlos mejor y resistirlos.

Espíritu de Jezabel

> Pero tengo unas pocas cosas contra ti: que toleras que esa mujer Jezabel, que se dice profetisa, enseñe y seduzca a mis siervos a fornicar y a comer cosas sacrificadas a los ídolos.
>
> —Apocalipsis 2:20

El profeta Elías guerreó contra Jezabel. Dios levantó a Elías durante la época en que Jezabel estaba destruyendo la nación mediante la idolatría y la brujería. El espíritu de Jezabel siempre buscará destruir y obstaculizar el desarrollo del ministerio profético en una iglesia. Jezabel tratará de matar a los verdaderos profetas. El espíritu de Jezabel opera mediante miembros de una congregación, y es responsable de las falsas profecías. Este espíritu opera mediante adivinación, control, manipulación y dominación. Jezabel es también responsable de la falsa enseñanza y la impureza sexual.

Los espíritus de Jezabel han destruido a muchas congregaciones. Muchos líderes han caído víctimas de Jezabel porque a Jezabel le encanta estar en una posición de liderazgo. El espíritu obtendrá influencia incitando a la calumnia y la crítica para hacer daño a los líderes ordenados de la iglesia. Jezabel aborrece el liderazgo ordenado y hará todo lo posible para destruirlo o controlarlo. (Atalía, la hija de Jezabel, intentó matar la simiente real; 2 Reyes 11:1.)

Jill Goll ha afirmado que "un espíritu de Jezabel fomenta temor, abandono y desánimo, con frecuencia impulsando a un líder espiritual a abandonar su puesto designado, como hizo Elías. Cada año, cientos de líderes del ámbito espiritual y gubernamental dimiten debido a desánimo debilitante, confusión, depresión, falta de visión, desesperación, desorientación, abandono, un sentimiento de indignidad, derrota, agotamiento, enfermedad física, insuficiencia económica, asesinato del carácter, fracaso moral, y casi una infinita variedad de otros factores. En muchos casos, este maligno espíritu controlador es responsable".[1]

El espíritu de Jezabel aborrece a los profetas porque ellos son su mayor amenaza. Jezabel intentará cortar la intercesión; atacará el ministerio de oración de una iglesia. En el caso bíblico, Jezabel fue capaz de obtener poder e influencia sobre Israel mediante su matrimonio con el rey Acab. El matrimonio es un pacto, y ese pacto matrimonial le dio a Jezabel el derecho legal a entrar en Israel, llevando con ella su idolatría, brujería y prostitución.

Esto debería alertarnos en cuanto a que los líderes deben ser muy cuidadosos con respecto a con quién hacer un pacto. Un pacto incorrecto puede abrir la puerta a una Jezabel.

Los profetas caminan en discernimiento y pueden detectar a Jezabel. Aun antes de que un espíritu de Jezabel sea evidente para ellos, los profetas deberían orar por los líderes de la iglesia; ellos deben proporcionar una cubierta de oración para evitar que Jezabel obtenga influencia.

Al igual que la esposa de Acab, Jezabel, fue conocida por ser muy manipuladora, así es el espíritu de Jezabel. Los profetas pueden discernir y sacar a la luz la manipulación sutil mediante enseñanza, falsa profecía y adulación. La influencia del espíritu de Jezabel siempre se verá en la falsa enseñanza y los esfuerzos por controlar decisiones. También pueden implicar brujería, seducción y pecado sexual. Obviamente, una iglesia no puede seguir estando sana con la influencia de un espíritu de Jezabel seductor; este espíritu seduce a los creyentes, desviándolos.

El espíritu de Jezabel causa que las iglesias sean guiadas más por la carne que por el Espíritu. El espíritu de Jezabel desvía a toda la iglesia de la pureza e interfiere en la verdadera adoración. Cuando un espíritu de Jezabel está presente, espíritus de perversión, adulterio, inmoralidad y fornicación correrán a sus anchas en un grupo de personas. La calumnia y la crítica son las marcas de este espíritu.

Las iglesias bajo la influencia de un espíritu de Jezabel se desviarán en su doctrina, y una peligrosa falsa enseñanza y herejía afectarán al estilo de vida de los santos, y hasta asambleas que antes fueron fuertes se encontrarán en un estado de derrumbe y debilitamiento. El espíritu de Jezabel es como la araña "viuda negra", la cual es mortal y hasta se comerá a su pareja. (El nombre Jezabel significa "sin esposo".)

John Paul Jackson afirma: "Ninguna iglesia es demasiado grande, demasiado sana, o demasiado pura para estar exenta de un ataque de un espíritu de Jezabel. De hecho, cuanto más grande sea la iglesia, mayor es la seguridad de que quienes tienen un espíritu de Jezabel buscarán obtener influencia y poder, a menos que el pastor, el equipo de liderazgo, los intercesores y los individuos con dones proféticos ejerciten su responsabilidad y resistan este ataque espiritual".[2]

Espíritu de Absalón

> Y se levantaba Absalón de mañana, y se ponía a un lado del camino junto a la puerta… y así robaba Absalón el corazón de los de Israel. Y la conspiración se hizo poderosa, y aumentaba el pueblo que seguía a Absalón.
>
> —2 SAMUEL 15:2, 6, 12

Absalón se rebeló contra su padre, David, y trató de apropiarse del reino. En otras palabras, él fue desleal a su padre, y actuó por orgullo, vanidad, rebelión y amargura.

Por tanto, un espíritu de Absalón representa traición. Muchos líderes han sufrido traición por parte de otros líderes que tienen espíritus de Absalón, dando como resultado divisiones y deserciones. Los profetas necesitan estar en guardia contra este espíritu que busca dividir y separar iglesias.

Absalón apartó el corazón del pueblo de David, quien era el

rey legítimo. Absalón intentó usurpar su autoridad ganándose seguidores. Hasta Aitofel, el consejero más sabio de David, se unió a la rebelión. De modo similar, muchos líderes han sufrido traición por parte de personas con espíritus de Absalón.

El espíritu de Absalón puede ser detenido mediante la intercesión profética. Es interesante observar que Absalón se ponía "junto a la puerta" para seducir a las personas a que se volvieran sus seguidores. Esto demuestra la importancia de tener intercesión profética en las puertas de la iglesia. (Hablaremos más sobre esto en el capítulo siguiente.)

David casi perdió su trono debido a Absalón; tuvo que huir de Jerusalén para salvar su vida, pues no había sido consciente de lo que Absalón estaba haciendo. Absalón planeó una conspiración contra su padre David; planeó y actuó en secreto junto con otros que no estaban contentos con el modo en que iban las cosas bajo el liderazgo de David. La conspiración continuó cobrando fuerza a medida que aumentó el número de personas que se ponían de lado de Absalón. Un espíritu de Absalón intentará poner de su lado —contra el liderazgo— a todas las personas posibles. Sutil y astuto, un espíritu de Absalón llevará a cabo su rebelión en secreto. Ambicioso, sutil y astuto, este espíritu irá tras la figura paternal o líder; a veces, el espíritu de Absalón atacará a los hijos e hijas espirituales de un líder. El espíritu de Absalón es como una serpiente, que se desliza entre las personas para atacarlas.

Muchos líderes han sido víctimas de impías conspiraciones perpetradas por otros líderes en la iglesia, y esos complots ocultos llegaron por sorpresa. Con demasiada frecuencia, aun cuando los líderes tratan de recuperarse, es demasiado tarde. Las conspiraciones ocultas no se han sacado a la luz con la antelación necesaria.

La unción shamar está diseñada para ver conspiraciones ocultas y sacarlas a la luz antes de que sea demasiado tarde.

Espíritu de Coré

> Coré hijo de Izhar, hijo de Coat, hijo de Leví, y Datán y Abiram hijos de Eliab, y On hijo de Pelet, de los hijos de Rubén, tomaron gente, y se levantaron contra Moisés con doscientos cincuenta varones de los hijos de Israel, príncipes de la congregación, de los del consejo, varones de renombre. Y se juntaron contra Moisés y Aarón.
>
> —NÚMEROS 16:1-3

Coré también representa rebelión, aunque él fue más abierto y desafiante que Absalón. Coré desafió abiertamente el liderazgo de Moisés y Aarón. Coré acusó a Moisés de exaltarse a sí mismo por encima de los otros líderes. La insinuación era que él estaba oprimiendo a los otros líderes. Mientras que el espíritu de Jezabel parece trabajar principalmente por medio de mujeres, el espíritu de Coré parece trabajar principalmente por medio de hombres.

Como sabemos, la rebelión es como el pecado de brujería (1 Samuel 15:23). La brujería opera mediante estos tres espíritus malos: Jezabel, Absalón y Coré. Si se pasa por alto, la brujería puede cegar y seducir a muchos creyentes en una congregación.

El espíritu de Coré causará que un líder se exalte a sí mismo en medio de la congregación, menospreciando al liderazgo designado por Dios. El espíritu de Coré es valiente y descarado, sin temor de hablar abiertamente contra el liderazgo. Este espíritu acusa a los líderes de haberse nombrado a sí mismos en lugar de haber sido nombrados por Dios.

El diablo aborrece a los líderes ordenados por Dios, y tratará de calumniar, derribar, acusar y derrocar a quienes han sido ordenados para ser líderes. El espíritu de Coré es uno de esos espíritus que intenta exaltar a una persona para desafiar al verdadero liderazgo. El espíritu de Coré aborrece el liderazgo apostólico y profético.

Los profetas deben estar al lado del liderazgo de la iglesia contra el espíritu de Coré, el cual aparecerá como un espíritu de revuelta, una negación a someterse a la autoridad establecida.

Espíritu de pitón

> Aconteció que mientras íbamos a la oración, nos salió al encuentro una muchacha que tenía espíritu de adivinación [pitón].
> —Hechos 16:16

La palabra *pitón* se traduce aquí como adivinación, y una pitón es una serpiente estranguladora. Las pitones matan a sus víctimas apretándolas y dejándolas sin aliento, y el aliento representa el espíritu de una persona. Los espíritus de pitón intentan ahogar la vida de las iglesias. Esto puede incluir ahogar la vida de la alabanza y la adoración y del ministerio profético. Los espíritus pitón también intentan apretar y sacar la vida de oración de la iglesia. (Recordemos que la muchacha poseída por el espíritu de pitón les salió al encuentro a los apóstoles cuando ellos iban a orar).

Las personas con espíritus de pitón tratarán de detener o estrangular el mover del Espíritu Santo en la iglesia. El espíritu malo intentará restringir la nueva vida que el Espíritu de Dios trae. Este espíritu convence a los líderes para que se retraigan de los dones del Espíritu y el mover del Espíritu Santo. Cuando cualquier espíritu intenta detener el fluir del Espíritu Santo o pervertirlo, lo denominamos "brujería".

Las notables características de una iglesia que está afectada por un espíritu de pitón pueden incluir: falta de profecía y otras manifestaciones del Espíritu Santo, falta de oración, cansancio y letargo espiritual, falta de ferviente alabanza y adoración, y falta de desarrollo de ministerios. Pueden producirse falsos dones y manifestaciones en lugar de genuinas manifestaciones del Espíritu Santo. Las iglesias deberían experimentar un continuo flujo y unción del Espíritu Santo; algo va gravemente mal cuando la vida espiritual está siendo ahogada en la iglesia.

Los profetas son sensibles a las operaciones del Espíritu Santo, y tienen la capacidad de sentir cuándo algo va mal. Ellos no sólo sienten que algo va mal, sino que también pueden identificar el problema. La intercesión profética puede evitar que la brujería y la adivinación entren y afecten el fluir espiritual de una congregación.

Espíritu de Leviatán

En aquel día Jehová castigará con su espada dura, grande y fuerte al leviatán serpiente veloz, y al leviatán serpiente tortuosa; y matará al dragón que está en el mar.

—Isaías 27:1

Leviatán es el rey sobre todos los hijos del orgullo. El espíritu de Leviatán, representado por un cocodrilo o una gran serpiente marina, ataca a los líderes, haciendo que se vuelvan arrogantes e inflados. Somos conscientes de que Dios resiste a los soberbios pero da gracia a los humildes (1 Pedro 5:5), y esa humildad es un requisito previo para tener acceso a la gracia de Dios.

La referencia más amplia a Leviatán se encuentra en el capítulo 41 del libro de Job. Según este capítulo, las características del espíritu de Leviatán incluyen: falta de oración (Job 41:3), palabras duras (v. 3), quebrantamiento del pacto (v. 4), incapacidad de servir a otros (v. 4), ningún aliento (o espíritu, o aire; v. 16), terquedad (o ser arrogante; v. 24), dureza de corazón (v. 24), y, sobre todo, orgullo (v. 34). El orgullo abre la puerta a la destrucción (Proverbios 16:18).

Los ministerios pueden volverse orgullosos mediante el conocimiento y el éxito (1 Corintios 8:1), pero esto es lo contrario a la humildad, la cual es la clave de la honra y el éxito. Una falta de humildad abrirá las puertas a espíritus de orgullo, arrogancia, altivez y autoexaltación. Esos son espíritus peligrosos que deben identificarse y expulsarse de la asamblea.

Protección profética

La intercesión profética —oraciones divinamente inspiradas que tienen como objetico influencias malas y las expulsan— es una de las principales funciones de un profeta shamar. Cada área de una iglesia debería estar cubierta por la intercesión del profeta. Esto incluye lo siguiente:

- El pastor (apóstol, hombre establecido)
- Los ancianos (presbiterio, obispos)

- Los profetas y equipos proféticos, intercesores
- Los equipos de alabanza y adoración (juglares y salmistas)
- Los diáconos
- Los pastores
- Los maestros (doctores, instructores)
- Los evangelistas y equipos evangelísticos
- El ministerio de ayuda
- Los administradores
- Los equipos de danza
- El ministerio de jóvenes
- El ministerio de niños
- El ministerio de negocios
- Las finanzas
- Las misiones (naciones)
- Las campañas en medios (televisión y radio)
- Los nuevos creyentes
- Los nuevos miembros
- Los matrimonios
- Los solteros
- Hombres y mujeres
- Viudas
- Familias

La intercesión profética también incluye oración por la liberación de:

- Crecimiento de la iglesia
- Liberación
- Evangelismo
- Favor

- Dones del Espíritu Santo
- Gloria
- Sanidad
- Santidad
- Humildad
- Amor
- Milagros
- Paz
- Propiedad
- Profecía
- Adoración profética
- Prosperidad
- Ángeles protectores
- Revelación
- Salvación
- Señales y maravillas
- Fortaleza
- Unidad
- Sabiduría

Continuaremos esta discusión sobre la protección profética en el capítulo siguiente.

Capítulo 6

PROFETAS EN LAS PUERTAS

E N LA BIBLIA, los vigilantes eran situados en las defensas exteriores (el muro de una ciudad o el vallado de un campo) o en una posición elevada o torre que supervisaba el territorio que tenía que ser vigilado. Un vigía es alguien que hace guardia. Las ciudades antiguas tenían vigías situados en los muros; su responsabilidad era dar un sonido de advertencia si un enemigo se aproximaba (ver 2 Reyes 9:17; Ezequiel 33:2-3). Los israelitas también ponían vigías para servir como centinelas sobre sus viñas y campos, especialmente durante la cosecha. Su responsabilidad era guardar la producción de animales y ladrones. De modo similar, los profetas de Israel se consideraban a sí mismos vigías, advirtiendo a la nación del próximo juicio de Dios si el pueblo no se arrepentía.

En la actualidad, una forma de identificar su posición y papel es decir que el vigía guarda las *puertas*: de una iglesia local y más. Si lee usted la Escritura con la palabra *puertas* en mente, comenzará a ver esta conexión por todas partes. Por ejemplo, considere los siguientes pasajes del Antiguo Testamento:

> Tus hermosos valles fueron llenos de carros, y los de a caballo acamparon a la *puerta*.
>
> —Isaías 22:7, énfasis añadido

> Porque fortificó los cerrojos de tus *puertas*; bendijo a tus hijos dentro de ti. El da en tu territorio la paz; te hará saciar con lo mejor del trigo.
>
> —Salmo 147:13–14, énfasis añadido

> … la guerra estaba a las *puertas*…
>
> —Jueces 5:8, énfasis añadido

> Y Daniel solicitó del rey, y obtuvo que pusiera sobre los negocios de la provincia de Babilonia a Sadrac, Mesac y Abed-nego; y Daniel estaba en la *corte* del rey.
>
> —Daniel 2:49, énfasis añadido

Las puertas son puntos de entrada, y necesitan ser fortalecidos a fin de mantener al enemigo fuera y mantener seguros al pueblo y a todo lo que poseen. El ministerio de profeta ayuda a fortalecer las puertas a fin de que los hijos estén bendecidos y haya paz en la iglesia. Con el beneficio de la protección del ministerio profético, la iglesia estará llena de lo mejor del trigo (prosperidad).

Las personas que sirven en el oficio de profeta necesitan tener un entendimiento de las puertas y puntos de entrada en sus iglesias, sus ciudades, sus regiones, y sus naciones. Tener una revelación de las puertas y de su importancia ayudará a los profetas a defender esos puntos de entrada de la invasión del enemigo. Cuando los profetas obtengan un entendimiento más claro de su papel y su posición en la iglesia, una revelación del aspecto shamar del manto de profeta, estarán más capacitados para cumplir sus ministerios.

La alabanza es una puerta

La alabanza es una puerta (Isaías 60:18). Por eso el enemigo con frecuencia intenta atacar e infiltrarse en la alabanza y la adoración de una iglesia. Él ataca a los líderes de alabanza, los juglares y los salmistas. Los profetas deben ayudar a proteger esta puerta mediante la intercesión (ver Salmo 118:19-20).

Los profetas pueden hablar con los enemigos en la puerta (Salmo 127:5). *Hablar* es la palabra hebrea *dabar*, que puede significar "ordenar", "someter", o "advertir". Para ser todo lo eficaces posible como vigías en las puertas de una iglesia, es importante que los profetas, quienes se sientan en la puerta, se guarden a sí mismos de hablar mal contra el liderazgo de la iglesia (ver Salmo 69:12).

Profetas en liderazgo

Si el enemigo es victorioso en las puertas, la iglesia tiene problemas. Por eso los profetas deben ser parte del liderazgo de la iglesia local; ellos han sido establecidos en la iglesia "luego" por Dios:

> Y a unos puso Dios en la iglesia, primeramente apóstoles, luego profetas, lo tercero maestros, luego los que hacen milagros, después los que sanan, los

que ayudan, los que administran, los que tienen
don de lenguas.

—1 Corintios 12:28

Los profetas deberían ser parte del ministerio musical, del
ministerio de jóvenes, del ministerio de niños, del presbiterio, y del ministerio global de una iglesia. Cada ministerio
representa una puerta concreta, y cada puerta de una iglesia
necesita intercesión profética. Los profetas intercederán y
detendrán al enemigo en las puertas; irán a hacer guerra
contra demonios en las puertas donde han sido situados.

La guerra espiritual siempre estará en las puertas porque
es ahí donde los defensores chocan con los enemigos inva-
sores. Los enemigos "se sitúan en formación" en la puerta.
Es ahí donde los demonios lanzan sus ataques, y por eso
necesitamos profetas que hagan guardia en las puertas.

No sólo los profetas son asignados por Dios a las numero-
sas puertas de una iglesia local, sino que también hay
"iglesias puerta" (en otras palabras, iglesias apostólicas) que
son la clave de una región o territorio. Esas iglesias puerta
necesitan profetas de alta cualificación para mantener fuera
al enemigo. La fuerte intercesión profética es imprescindible
si las puertas han de ser protegidas.

Evitar la destrucción

Una iglesia perderá su protección si las puertas son destruidas. La destrucción de una puerta da como resultado que
entren cosas que no se quieren. Pueden entrar demonios en
una iglesia y establecer fortalezas si las puertas están abiertas.
Una puerta destruida significa que nada puede ser cerrado.

"La ciudad quedó desolada, y con ruina fue derribada la puerta" (Isaías 24:12).

La puerta representa un lugar de autoridad, y el enemigo quiere derrocar esa autoridad a fin de poder saquear a los habitantes y usurpar la autoridad para sí mismo. Los habitantes no pueden contraatacar eficazmente los avances del enemigo a menos que sus defensas estén coordinadas por alguien con la autoridad adecuada para hacerlo. El profeta tiene la autoridad espiritual de estar en la puerta y desafiar al enemigo. Cuando los demonios atacan las puertas e intentan destruirlas, no pueden pasar a los profetas que están fuertes en las puertas, alertas y bien fortificados con la unción de Dios.

Represión en las puertas

La puerta es un lugar donde el enemigo puede ser reprendido. *Reprender* significa forzar la retirada. Una represión es una fuerte reprimenda. Una reprimenda es una severa o formal represión por parte de una persona en autoridad.

Los demonios necesitan ser reprendidos; necesitan ser echados atrás. La intercesión profética reprende al enemigo, y tiene lugar en las puertas, los centros mismos del tráfico y los negocios en cada área del reino de Dios. Espíritus de brujería, lujuria, rebelión, engaño, orgullo, Jezabel, religión y carnalidad deben ser reprendidos en las puertas. Eso evitará que entren y destruyan la iglesia.

No es necesario decir que los espíritus demoníacos no se someten tranquilamente a la represión. Ellos resistirán y batallarán; aborrecen a los guardas de las puertas, los vigías proféticos que interfieren en sus planes malvados:

Ellos aborrecieron al reprensor en la puerta...

—Amós 5:10

Unas palabras de prevención

Con frecuencia, un profeta será capaz de advertir a un líder acerca de un enemigo que avanza, y la advertencia evitará un desastre. A veces, la mejor defensa es sencillamente la prevención.

Sino que el profeta Eliseo está en Israel, el cual declara al rey de Israel las palabras que tú hablas en tu cámara más secreta.

—2 Reyes 6:12

Eliseo pudo advertir al rey y evitar que le tendieran una emboscada. El ministerio de profeta es preventivo. Es mejor prevenir que algo suceda que tener que reaccionar a ello después de que suceda.

La viña de Dios

Además de ser como una ciudad amurallada con puertas a intervalos en el muro de protección, la Iglesia es la viña de Dios.

La Iglesia es una institución ordenada por Dios y aborrecida por el enemigo. La Iglesia es el Israel de Dios, y Él mismo ha establecido sus defensas:

Ahora cantaré por mi amado el cantar de mi amado a su viña. Tenía mi amado una viña en una ladera fértil. La había *cercado* y despedregado y plantado de vides escogidas; había *edificado en medio de ella una torre*, y hecho también en ella un lagar…

—Isaías 5:1–2, énfasis añadido

Israel es la viña de Dios, y también lo es la Iglesia. El resultado del plantío del Señor debería ser fruto. Se nos ha ordenado llevar fruto, y que el fruto permanezca (Juan 15:16). Pero el enemigo quiere destruir el fruto de iglesias y ministerios; por tanto, la iglesia local necesita profetas para prevenir que el fruto sea destruido.

No es sabio plantar una viña sin un vallado. Un vallado proporciona una barrera de protección para la viña. Una torre es un lugar para el vigía. El Señor rodea su viña, y pone una torre en medio de ella. Estas son dos imágenes del ministerio del profeta en la iglesia. El vallado y la torre son necesarios para mantener fuera al enemigo.

Las viñas también necesitan vigías, al igual que las ciudades. Sencillamente es una imagen diferente de lo que necesitan las iglesias locales: torres, vigías y guardas de las puertas para proteger la vida del pueblo de Dios.

Ahora bien, el enemigo trama destruir el árbol con su fruto; emplea todos sus esfuerzos maquinando designios:

Pues no entendía que maquinaban designios contra mí, diciendo: Destruyamos el árbol con su fruto.

—Jeremías 11:19

Designio es la palabra hebrea *chashab*, que significa trenzar o entretejer. Otra palabra para ella es *impenetrate*, relacionada con la palabra *impenetrable*. Algo que es impenetrable no puede resolverse o entenderse. *Trenzar* significa entretejer, y *entretejer* significa conectar de modo cercano o complejo. En otras palabras, el enemigo trama complejos planes contra la Iglesia. Se necesita la unción de profeta para desentrañar esas tramas.

La guarda del profeta

Señor, sobre la atalaya estoy yo continuamente de día, y las noches enteras sobre *mi guarda*.
—Isaías 21:8, énfasis añadido

Guarda es una palabra interesante. En hebreo es la palabra *mishmereth*, que significa vigía, el centinela, el puesto, preservación, oficio, ordenanza, una salvaguarda. Viene de la raíz *mishmar*, que significa un guarda.

El profeta Isaías estaba en su guarda. *Estar* es la palabra *natsab*, que significa situar, un pilar. Ya que una guarda es un medio de defensa o protección y *guarda* es la raíz de la palabra *guarda*, y ya que un guarda es una persona que guarda o tiene algo a su cargo, los profetas son guardas espirituales. Ellos han sido puestos en posiciones particulares asignadas, y ayudan a guardar y proteger la casa del Señor del enemigo. Muchas iglesias locales han estado indefensas contra el enemigo porque no tienen profetas situados en sus guardas.

Las iglesias locales no sólo deben tener guardas proféticos establecidos para preservar a la iglesia de los ataques del diablo, sino que también los profetas deben situarse ellos mismos en sus respectivas guardas, como superintendentes espirituales. Ellos deben vigilar y orar para fortificar la iglesia, protegiéndola de infiltración espiritual.

El profeta estaba en su guarda noches enteras. Yo creo que eso puede ser una referencia a que la oración de toda la noche es un modo eficaz de evitar que el enemigo se infiltre en la iglesia.

Los profetas son establecidos y situados en sus guardas por Dios. Ellos son responsables de ocupar su lugar como vigías y proteger la iglesia; deben estar continuamente en la torre, y deben ser fieles a sus puestos asignados. No pueden abandonar sus guardas; deben entender su importancia para la seguridad y la protección de la iglesia.

Deben situarse ellos mismos en una postura de oración e intercesión; no deben moverse de su posición establecida. Satanás intentará hacer que los profetas se aparten de sus lugares; intentará desanimarlos y evitar que ocupen sus lugares en la torre. Por su parte, los profetas deben adoptar una actitud de ser inconmovibles; deben aceptar sus tareas, estar en sus lugares asignados, y cumplir sus ministerios.

El profeta debería preguntar: "¿Dónde está mi guarda?", y cuando lo descubra, sabrá que Dios lo ha puesto allí. Debe tener una revelación de su posición asignada. Luego debe situarse en ese lugar y vigilar, operando como guarda espiritual para proteger a aquellos que han sido puestos a su cargo. Los profetas han sido asignados como guardas espirituales en muchas situaciones, desde iglesias locales hasta ciudades, regiones y naciones.

Ver y hacer saber

Después de haberse establecido guardas, ellos son responsables de declarar lo que ven:

> Porque el Señor me dijo así: Ve, pon centinela que
> haga saber lo que vea.
>
> —Isaías 21:6

Los profetas shamar, o profetas vigías, han sido establecidos o puestos en sus lugares adecuados o designados, *y esos
son los lugares* en los cuales tendrán la capacidad más fuerte
de ver con visión espiritual. Serán capaces de ver con ojos
espirituales que pueden penetrar en lo impenetrable; serán
capaces de ver lo que otros no pueden ver; y serán capaces de
hacer saber lo que ven.

Ellos harán declaraciones y revelarán cosas ocultas; harán
oraciones decisivas que mantendrán cargado su lugar, ya
sea un ministerio, una iglesia, una ciudad, una región o una
nación, seguro y próspero.

En el Antiguo Testamento, los profetas eran denominados
videntes, y siguen siendo videntes en la actualidad. Cada
iglesia local necesita vigías videntes.

Desde tiempos antiguos, los profetas vigías han ayudado a
evitar que el enemigo destruya al pueblo de Dios y sus propie-
dades. Muchas cosas pueden evitarse mediante el ministerio
vigía del profeta. Es la voluntad de Dios que se eviten muchas
cosas. Todo lo que sucede no es necesariamente voluntad de
Dios, y los profetas nos ayudan a evitar cosas que no sean
voluntad de Dios.

Sinónimos de evitar incluyen: obstruir, obstaculizar,
bloquear, impedir, interrumpir, interferir, detener, hacer
detener, comprobar, arrestar, abortar, frustrar, torcer,
desbaratar, refrenar, retener, oponer, prohibir, neutralizar

y hacer a un lado. Estas palabras nos ayudan a entender y visualizar mejor cómo vigila un vigía.

Hay tres palabras hebreas para *vigilar* o *vigía*: *tsaphah*, *shamar* y *natsar*. *Tsaphah* significa inclinarse, mirar en la distancia, observar, esperar, contemplar, espiar, esperar, mantener la guarda. *Shamar*, de la que ya hemos hablado ampliamente, significa vallar (como con espinos), guardar, proteger, atender a, ser prudente, atender a, observar, preservar, considerar, reservar o guardar, yacer a la espera, ser un vigía. *Natsar* significa guardar (en el buen sentido y también en el malo), ocultar, asediar, mantener, observar, preservar, ser un vigía. Cada una de estas palabras proporciona perspectiva en cuanto a la función del vigía. Cuando el vigía mira en la distancia, recibiendo advertencias de Dios, declara la palabra que puede producir preservación, cambio, protección y estrategia eficaz.

Al ser yo mismo vigía, con frecuencia he visto las estrategias del enemigo y, a veces, he recibido una perspectiva concreta. Pude ver con mucha claridad cómo era el enemigo de formas que van desde el nombre exacto de un espíritu malo hasta respuestas estratégicas concretas en métodos de guerra espiritual que debíamos utilizar en batalla. También he tenido ojo de vigía para ver y entender los momentos y las épocas de Dios, las cuales influencian la naturaleza de nuestras respuestas. He vigilado y he advertido cuando el enemigo estaba moviéndose, cuando nosotros, como ministerio, puede que hayamos estado fuera de la posición espiritual de Dios, o cuando era correcto levantarse y apropiarse de un nuevo periodo de liberación y bendición para no perdernos lo que Dios estaba haciendo en medio de nosotros.

Fortalecer la guarda

Cuando Nehemías llegó para ayudar a los israelitas que regresaban para reconstruir Jerusalén, también llegaron adversarios para oponerse. ¿Qué hizo Nehemías? Él puso guarda contra ellos.

> Y conspiraron todos a una para venir a atacar a Jerusalén y hacerle daño. Entonces oramos a nuestro Dios, y por causa de ellos pusimos guarda contra ellos de día y de noche.
>
> —Nehemías 4:8–9

Nehemías es un cuadro del ministerio apostólico porque los apóstoles son edificadores. Siempre que Dios edifica o reedifica algo, ha de esperarse oposición al proceso de edificación. La única forma de vencer la oposición es poner guarda contra ella, y esa guarda necesita ser diligente día y noche. Los apóstoles necesitan profetas que los ayuden a edificar vigilando y orando, viendo y haciendo saber lo que ven. Apóstoles y profetas deberían trabajar juntos en la edificación de la iglesia.

> Puse también sobre vosotros atalayas, que dijesen: Escuchad al sonido de la trompeta.
>
> —Jeremías 6:17

Debido a que los vigías del Antiguo Testamento tocaban una trompeta para advertir del peligro, la trompeta se ha convertido en símbolo de la voz del profeta. El vigía *shamar* que el Señor establece sobre su pueblo tiene la autoridad de hacer sonar la trompeta. Al sonido de advertencia de la trompeta (la voz del profeta), el pueblo se reunirá. Los planes del enemigo pueden ser frustrados cuando el pueblo responde al sonido de la trompeta. Ignorar la trompeta es invitar al peligro.

Necesitamos reforzar la guardia. Necesitamos poner vigías:

> Reforzad la guardia, poned centinelas.
>
> —Jeremías 51:12

Necesitamos poner a los centinelas (los profetas) en su lugar. Ninguna ciudad en tiempos antiguos podía ser defendida sin una fuerte guardia; del mismo modo, ninguna iglesia puede ser defendida sin una fuerte guardia.

Todos los creyentes tienen el mandato de hacer guardia:

> Y todo el pueblo hará guardia delante de Jehová.
>
> —2 Crónicas 23:6

Todos los creyentes, sin embargo, no son llamados a ser vigías. Los vigías son los intercesores proféticos que tienen una gracia especial para *shamar* la iglesia, para mantenerla segura. Los vigías tienen la gracia y el discernimiento para ver con claridad la aproximación del enemigo, para hacer sonar la trompeta, y para reunir al resto del pueblo para batallar en oración y acción.

La palabra del Señor puede avivarnos para interceder:

> Y si ellos son profetas, y si está con ellos la palabra
> de Jehová, oren ahora a Jehová de los ejércitos.
>
> —Jeremías 27:18

Los falsos profetas de Israel no tenían carga por interceder; ellos no se preocupaban con respecto a defender al pueblo, estaban ciegos al peligro que se aproximaba. Ellos no cumplían una función *shamar*.

La tarea principal del profeta, si lo recuerda, es estar en la brecha y hacer vallado para el pueblo de Dios en la tierra. Esa responsabilidad es donde fallaban muchos de los profetas de Israel:

> Vino a mí palabra de Jehová, diciendo: Hijo de hombre, profetiza contra los profetas de Israel que profetizan, y di a los que profetizan de su propio corazón: Oíd palabra de Jehová. Así ha dicho Jehová el Señor: ¡Ay de los profetas insensatos, que andan en pos de su propio espíritu, y nada han visto!
>
> Como zorras en los desiertos fueron tus profetas, oh Israel. No habéis subido a las brechas, ni habéis edificado un muro alrededor de la casa de Israel, para que resista firme en la batalla en el día de Jehová.
>
> Vieron vanidad y adivinación mentirosa. Dicen: Ha dicho Jehová, y Jehová no los envió; con todo, esperan que él confirme la palabra de ellos. ¿No habéis visto visión vana, y no habéis dicho adivinación mentirosa, pues que decís: Dijo Jehová, no habiendo yo hablado?
>
> Por tanto, así ha dicho Jehová el Señor: Por cuanto vosotros habéis hablado vanidad, y habéis visto mentira, por tanto, he aquí yo estoy contra vosotros, dice Jehová el Señor. Estará mi mano

contra los profetas que ven vanidad y adivinan mentira; no estarán en la congregación de mi pueblo, ni serán inscritos en el libro de la casa de Israel, ni a la tierra de Israel volverán; y sabréis que yo soy Jehová el Señor. Sí, por cuanto engañaron a mi pueblo, diciendo: Paz, no habiendo paz; y uno edificaba la pared, y he aquí que los otros la recubrían con lodo suelto.

—Ezequiel 13:1–10

Se le dijo a Ezequiel que pusiera sitio contra la ciudad de Jerusalén mediante un acto profético:

Tú, hijo de hombre, tómate un adobe, y ponlo delante de ti, y diseña sobre él la ciudad de Jerusalén.

Y pondrás contra ella sitio, y edificarás contra ella fortaleza, y sacarás contra ella baluarte, y pondrás delante de ella campamento, y colocarás contra ella arietes alrededor.

—Ezequiel 4:1–2

Este acto profético demostraba y liberaba el sitio de los babilonios sobre Jerusalén. No es demasiado decir que este es un cuadro del aspecto de guerra espiritual del ministerio de cualquier profeta.

Los profetas tienen la capacidad de atacar fortalezas y hacer guerra contra las potestades del infierno. Ellos ponen sitio; ellos edifican fortalezas contra el enemigo; ellos sacan baluartes y ponen campamentos, y colocan arietes contra las fortalezas del enemigo.

Ellos también descubren estrategias que Dios quiere que empleen contra poderosos enemigos. Es un tipo de una guerra espiritual de asedio.

Eliseo indicó al rey que hiciese en el valle muchos estanques:

> Quien dijo: Así ha dicho Jehová: Haced en este valle muchos estanques.
>
> —2 Reyes 3:16

Los moabitas vieron los estanques llenos de agua y pensaron que estaban llenos de sangre. El enemigo fue confundido y pensó que los israelitas se habían golpeados los unos a los otros, y se sintieron valientes para entrar al campamento de Israel, donde ellos mismos fueron golpeados y derrotados.

Eliseo le dio al rey una estrategia profética para derrotar al enemigo. Del mismo modo, los profetas dan estrategias a la iglesia a fin de que el pueblo de Dios pueda vencer los ataques del enemigo.

Los profetas son una parte vital de la guerra espiritual. Sin profetas en las puertas, la iglesia no puede ser victoriosa.

Capítulo 7

PROFECÍA PERSONAL EN LA IGLESIA LOCAL

DIOS TIENE UN número ilimitado de pensamientos con respecto a usted, y también tiene un número ilimitado de palabras para usted. Esas palabras son más de las que pueden ser contadas:

> Has aumentado, oh Jehová Dios mío, tus maravillas; y tus pensamientos para con nosotros, no es posible contarlos ante ti. Si yo anunciare y hablare de ellos, no pueden ser enumerados.
>
> —SALMO 40:5

La Biblia (logos) expresa la voluntad general de Dios para cada creyente, pero una profecía personal es más concreta para las necesidades de los individuos.

Yo he recibido cientos de palabras proféticas en toda mi vida. Esas palabras han traído una mayor claridad a mi vida con respecto a mi destino; esas palabras me han alentado en momentos de desánimo; esas palabras han impartido fuerza y dones a mi vida. Yo valoro mucho la profecía personal, y deseo que todo creyente se beneficie de recibir la palabra del Señor.

Dios es un Dios personal, y cada persona tiene un destino en su plan. Él quiere que cada uno de nosotros escoja oír de Él. En nuestra iglesia hemos desarrollado equipos proféticos a fin de satisfacer las necesidades de muchos creyentes que desean recibir palabras de profecía personal. En particular, cada nuevo miembro y nuevo creyente tiene la oportunidad de recibir profecía personal. Muchos individuos piden profecía personal, así que hemos edificado la iglesia para satisfacer esa necesidad. ¿Es correcto buscar palabras proféticas personales, o debería la persona esperar hasta que tales palabras sean dadas sólo por la unción del Espíritu Santo?

Yo he profetizado a miles de personas sin ninguna unción inicial simplemente porque pidieron ministerio. He descubierto que cuando yo comienzo a hablar en fe, la unción aumentará. De hecho, algunas de las profecías más fuertes que yo he recibido nunca han llegado a pesar de que yo no tenía unción inicial.

La profecía puede ser avivada mediante la fe. A veces, hay una unción para profetizar que no necesita ser avivada, pero usted debería saber que puede avivarse si es necesario. Todos los dones pueden ser avivados. La enseñanza y la predicación pueden ser avivadas; las lenguas pueden ser avivadas; la profecía también puede se avivada mediante la fe y un acto de la voluntad. Si usted pide, recibirá:

Pedid, y se os dará; buscad, y hallaréis; llamad, y se os abrirá.

Porque todo aquel que pide, recibe; y el que busca, halla; y al que llama, se le abrirá.

¿Qué hombre hay de vosotros, que si su hijo le pide pan, le dará una piedra?

¿O si le pide un pescado, le dará una serpiente?

Pues si vosotros, siendo malos, sabéis dar buenas dádivas a vuestros hijos, ¿cuánto más vuestro Padre que está en los cielos dará buenas cosas a los que le pidan?

—Mateo 7:7–11

Buscar una palabra rhema

Estoy intentando desafiar ideas erróneas sobre lo que significa fluir en lo sobrenatural. En particular, hay varias "vacas sagradas" que estoy destruyendo, incluyendo esta: "Nunca busques una palabra rhema". (Una palabra rhema es una palabra profética personal del Señor que no es algo que usted sencillamente lee de la Palabra de Dios en la Biblia.) Hay muchos líderes de iglesias que no quieren que usted nunca intente recibir una palabra de una persona con una unción profética. Los ministros han advertido en contra de eso en su enseñanza debido a que han visto abusos. Se ha producido demasiado engaño y error en nombre de la "profecía personal".

Como resultado, algunos ministros enseñan a su congregación que lo único que necesitan es la Biblia, la Palabra (logos) de Dios. Ellos enseñan a su congregación: "Si ustedes sólo estudian la Palabra, obtendrán todas las respuestas que necesitan. Los cristianos nunca deberían asistir a un servicio esperando que alguien les dé una palabra [rhema] de Dios". Por consiguiente, muchas personas se pasan años sin siquiera obtener una palabra de Dios porque se les ha enseñado a sospechar del fluir sobrenatural de la profecía personal.

Yo comprendo las razones para advertir a las personas de ese modo, y conozco los peligros de ser engañado; sin embargo, el Señor me ha mostrado algunas cosas con respecto a la unción profética, y creo que es un error "tirar la casa por la ventana". Para empezar, podemos ver en el Antiguo Testamento que las personas acudían a los profetas de Dios con frecuencia para obtener la palabra del Señor. Ellos no tenían la unción del Espíritu Santo en sus propias vidas como la tenemos nosotros bajo el nuevo pacto, y por eso buscaban a los profetas que sí tenían la unción. Ahora bien, aunque Dios puede hablarle a usted individualmente, sigue habiendo ocasiones en que usted necesita oír de Dios mediante la vía de la profecía; necesita oír la palabra de Dios para su vida mediante otro santo. Cuando usted reciba esa palabra, sabrá por sí mismo cómo opera la profecía, y será capaz de juzgar la palabra del Señor por el Espíritu de verdad.

¿Cuál es la voluntad de Dios para su vida?

En mis años de servicio como pastor, muchas personas han acudido a mí con preguntas acerca de conocer la voluntad de Dios para sus vidas. Puede que usted también tenga preguntas al respecto.

Puede que pregunte: "Bien, pastor, ¿cómo sé realmente si esto es mi voluntad o la voluntad de Dios?". Lo que yo siempre les digo a las personas es que la voluntad de Dios sigue los deseos de su corazón.

Puede usted responder a eso diciendo: "Bien, pastor, ¿y cómo sé si es mi deseo o es deseo de Dios? ¿Cómo puedo ver la diferencia entre los deseos que yo tengo y los deseos que Dios me da?". Mi respuesta a eso es: "Si su corazón es puro y usted realmente desea hacer la voluntad de Dios, no tiene que preocuparse por si sus deseos son incorrectos":

> Todas las cosas son puras para los puros, mas para los corrompidos e incrédulos nada les es puro; pues hasta su mente y su conciencia están corrompidas.
>
> —Tito 1:15

La única ocasión en que tiene usted que preocuparse en cuanto a que sus deseos sean incorrectos es cuando está en rebelión, desobediencia, lujuria o algún otro tipo de pecado. Entonces tiene que tener cuidado de no confundir sus deseos con los deseos de Dios. Las personas en un estado espiritual de pecado torcerán o pervertirán los deseos de Dios; pero mientras sea usted puro, sincero y abierto delante de Dios, puede confiar en sus deseos porque su corazón está abierto a recibir los deseos de Dios en lugar de los suyos propios.

Verá que, si está usted en el ministerio, una de las principales formas en que Dios le guiará es mediante los deseos de su corazón. Por ejemplo, si usted ha de tener un ministerio de enseñanza, Dios le dará el deseo de enseñar; tendrá usted un ardiente deseo de enseñar. Jeremías tenía un ministerio profético; él fue llamado a dar la palabra del Señor, y cuanto intentó suprimirlo, el deseo de profetizar se volvió como fuego encerrado en sus huesos.

Usted necesita juzgar su propio corazón. Si encuentra que es puro y que usted es sincero, entonces siga los deseos de su corazón, porque Dios le guiará poniendo cosas en su espíritu (es decir, su corazón). Yo creo que es lo mismo para obtener una palabra rhema de Dios.

Mientras su corazón sea correcto y sus motivos sean puros, no necesita usted tener temor al engaño. Dios siempre responderá a los puros de corazón. La Biblia dice: "Bienaventurados los de limpio corazón, porque ellos verán a Dios" (Mateo 5:8). Dios le dará revelación, y Él le mostrará cosas que vendrán.

Conforme a su fe

Para sorpresa mía en uno de los servicios, casi cada persona que estaba en el edificio recibió una palabra profética del Señor, aunque no parecía haber ninguna unción sobrenatural real para profetizar. Lo que sucedió es que yo simplemente avivé el don de Dios que está en mí. Ahora bien, sé que puedo imponer manos sobre personas y profetizarles en fe; sé cómo opera ese don, y puedo fluir en él. Ya que cada persona en aquel edificio necesitaba oír de Dios, yo tuve la capacidad de avivar el don de Dios y profetizar por mi don a cada una de ellas.

Hace unos años yo probablemente habría desalentado ese tipo de profecía; es muy probable que hubiese dicho: "Si no hay unción sobrenatural para profetizar, si el Espíritu de Dios realmente no viene sobre mí, entonces no voy a tratar de profetizar a cada uno de los que estén en el edificio".

También habría dicho: "Esas personas no deberían acudir a la iglesia esperando oír una palabra de Dios".

Desde entonces he descubierto que usted siempre debería esperar oír de Dios, especialmente en la iglesia. Con demasiada frecuencia es la tradición religiosa la que nos mantiene alejados de recibir lo mejor de Dios.

> De manera que, teniendo diferentes dones, según la gracia que nos es dada, si el de profecía, úsese conforme a la medida de la fe.
>
> —ROMANOS 12:6

Comezón de oír

> Porque vendrá tiempo cuando no sufrirán la sana doctrina, sino que teniendo comezón de oír, se amontonarán maestros conforme a sus propias concupiscencias.
>
> —2 TIMOTEO 4:3

Yo entiendo el principio de las personas que tienen "comezón de oír". Sé que hay algunas personas que siempre tratan de "obtener una palabra" de Dios cuando asisten a un servicio de la iglesia. Por eso enseño que obtener una palabra de Dios no es excusa para que no ore y le busque por usted mismo. La profecía no es para las personas perezosas que no quieren orar ni buscar a Dios, quienes prefieren que alguien les profetice. No me estoy refiriendo a ese tipo de individuo; estoy hablando de personas que buscan a Dios genuinamente y sinceramente.

Hay pueblo de Dios que siempre se ha hecho esta pregunta primordial: "¿Hay una palabra del Señor sobre esta situación?".

Ellos piensan: "No queremos tomar decisiones por nosotros mismos. No queremos operar según nuestras propias mentes. Queremos oír de Dios porque sabemos que si tenemos la mente de Dios sobre el asunto, cualquier cosa que hagamos va a ser la correcta".

Quiero instarlo a no tener ninguna duda en el área de recibir palabras proféticas personales simplemente porque muchas personas hayan caído en el engaño. Usted no puede permitir que personas que han manejado con falta de sabiduría una verdad eviten que camine usted en la verdad de una palabra del Señor. Cada vez que hay un mover de Dios, alguien se desvía; pero no permita que eso cause que usted se pierda lo que Dios ha preparado para usted.

Falsos profetas

Sé que hay falsos profetas; sin embargo, no olvidemos que antes de que pueda haber una falsificación de algo, antes debe haber algo genuino.

Hay algunas personas que quieren profetizarle a causa de una recompensa monetaria. Tienen un don profético, pero su propósito para profetizar es aprovecharse del pueblo de Dios económicamente. Hasta pueden ser precisos en el espíritu porque profetizan por un don genuino; pero su carácter tiene errores hasta el punto en que se aprovecharán del pueblo de Dios. Los temores y las presiones económicas pueden empujar a las personas a acudir a esas tácticas.

Pida a Dios que mantenga puro su corazón y capaz de discernir a un falso profeta. Con frecuencia los conocerá por sus frutos (Mateo 7:16; Lucas 6:44). No permita que la existencia de profecía falsa evite que usted reciba la verdadera.

Eso sería como decidir no pagar sus compras con billetes porque ha oído usted que hay personas que ponen en circulación billetes falsos.

Abierto a recibir

Ha habido muchas ocasiones en que yo fui a una reunión confundido acerca de los detalles con respecto a la voluntad de Dios para mi vida. Sencillamente no sabía cómo lograr lo que sentía que Él me estaba diciendo que hiciera. Necesitaba oír a Dios hablar a mi situación; pero debido a que el sermón fue "general" en naturaleza, un mensaje para todo uso, me fui en el mismo estado en que había llegado, y no tuve oportunidad de recibir ministerio profético, que era lo que yo más necesitaba.

No fue hasta que comencé a buscar una palabra rhema de Dios que obtuve la dirección que necesitaba para mi vida. Usted también obtendrá la dirección que necesite para su vida si abre su corazón a la palabra del Señor mediante la profecía personal y asiste a asambleas locales en las que los creyentes fluyan de modo preciso en el don profético. Gracias a Dios por el don de profecía.

Capítulo 8

PROFECÍA COLECTIVA EN LA IGLESIA LOCAL

LA PROFECÍA COLECTIVA es importante para edificar fuertes asambleas locales. Dios edifica, exhorta y consuela a las iglesias locales mediante la profecía colectiva. Pablo escribió a la asamblea en Corinto para darles una adecuada enseñanza sobre la profecía:

> El que habla en lengua extraña, a sí mismo se edifica; pero el que profetiza, edifica a la iglesia. Así que, quisiera que todos vosotros hablaseis en lenguas, pero más que profetizaseis; porque mayor es el que profetiza que el que habla en lenguas, a no ser que las interprete para que la iglesia reciba edificación.
>
> —1 Corintios 14:4–5

Pablo estaba escribiendo porque, como apóstol, se interesaba por el bienestar de la iglesia local; deseaba ver la iglesia edificada en cada aspecto, y eso incluiría serlo mediante la profecía.

Aunque en la actualidad parece hacerse mucho hincapié en la profecía personal, es importante que las iglesias locales permitan a los profetas hablar también a toda la congregación. Esa es una de las formas en que Dios desea bendecir y edificar el cuerpo local de Cristo. Las iglesias que permiten que la voz del Señor se oiga serán bendecidas.

Es importante dar una adecuada enseñanza al cuerpo local de creyentes a fin de que los profetas sean capaces de fluir en profecía de manera ordenada. De otro modo, se producirá confusión.

Quizá la principal idea errónea que las personas tienen con respecto al ministerio profético sea que la profecía debería ser ministrada en un todo de voz crítico o condenatorio, como una reprimenda. Aunque algunas profecías pueden, de hecho, hablar de juicio, ese tono debería reservarse para los profetas maduros que operan en el oficio de profeta y para aquellos que son ancianos reconocidos en la asamblea. Hay ocasiones en que Dios quiere dar una palabra de corrección a una asamblea, pero la mayoría de las profecías dadas colectivamente deberían darse para edificación, exhortación y consolación.

DECENTEMENTE Y CON ORDEN

En la primera carta del apóstol Pablo a la iglesia en la ciudad de Corinto, les dio consejo en cuanto a cómo debería darle la profecía colectiva:

Asimismo, los profetas hablen dos o tres, y los demás juzguen. Y si algo le fuere revelado a otro que estuviere sentado, calle el primero. Porque podéis profetizar todos uno por uno, para que todos aprendan, y todos sean exhortados. Y los espíritus de los profetas están sujetos a los profetas; pues Dios no es Dios de confusión, sino de paz. Como en todas las iglesias de los santos...

Si alguno se cree profeta, o espiritual, reconozca que lo que os escribo son mandamientos del Señor...

Así que, hermanos, procurad profetizar, y no impidáis el hablar lenguas; pero hágase todo decentemente y con orden.

—1 Corintios 14:29–33, 37, 39–40

La suposición básica de Pablo era que se produciría profecía colectiva regularmente; por tanto, necesitaba ser regulada a fin de que contribuyera a la edificación en lugar de a la confusión.

La Iglesia primitiva no tenía micrófonos ni sistemas de sonido, y parece que a veces demasiados profetas, envueltos en el espíritu de profecía, se interrumpían los unos a los otros en un esfuerzo por ser oídos. En nuestra época, con el gran tamaño de muchas de nuestras iglesias al igual que el interés por la madurez en aquellos que declaran palabras proféticas delante de toda la asamblea, es necesario añadir algunos consejos más.

Por ejemplo, podría requerirse de alguien que quiera profetizar que acuda a uno de los líderes para solicitar un micrófono. ¿Qué otras consideraciones deberían tenerse en cuenta?

Música, adoración y profecía

Cuando nos reunimos en adoración, deberíamos esperar oír la voz del Señor. La profecía puede declararse, o puede cantarse:

> ¿Qué, pues? Oraré con el espíritu, pero oraré también con el entendimiento; cantaré con el espíritu, pero cantaré también con el entendimiento.
> —1 Corintios 14:15

Como mencionamos anteriormente en este libro, la principal palabra hebrea para profecía es *naba*, que significa profetizar, hablar o cantar por inspiración, hervir, borbotear, y alabar a Dios mientras se está bajo influencia divina.

La adoración puede hacer que sea liberado el espíritu de profecía (Apocalipsis 19:10). A medida que se eleve la adoración, verá que nuevos cantos y palabras proféticas comienzan a "borbotear" a medida que el espíritu de profecía se fortalece en la asamblea.

Además de ser importante iniciar un fuerte flujo profético, la música es muy importante para mantenerlo. Los músicos ayudan a mantener el tono y la atmósfera para la adoración; además, los músicos pueden profetizar con sus instrumentos. Todos los músicos en el tabernáculo de David eran proféticos:

> Asimismo David y los jefes del ejército apartaron para el ministerio a los hijos de Asaf, de Hemán y

de Jedutún, para que profetizasen con arpas, salterios y címbalos; y el número de ellos, hombres idóneos para la obra de su ministerio, fue:

De los hijos de Asaf: Zacur, José, Netanías y Asarela, hijos de Asaf, bajo la dirección de Asaf, el cual profetizaba bajo las órdenes del rey.

De los hijos de Jedutún: Gedalías, Zeri, Jesaías, Hasabías, Matatías y Simei; seis, bajo la dirección de su padre Jedutún, el cual profetizaba con arpa, para aclamar y alabar a Jehová.

De los hijos de Hemán: Buquías, Matanías, Uziel, Sebuel, Jeremot, Hananías, Hanani, Eliata, Gidalti, Romanti-ezer, Josbecasa, Maloti, Hotir y Mahaziot.

Todos éstos fueron hijos de Hemán, vidente del rey en las cosas de Dios, para exaltar su poder.

—1 CRÓNICAS 25:1–5

Sumiso y enseñable en espíritu

A medida que ellos ministren dones espirituales, es muy importante que todos los santos en la asamblea local mantengan verdaderamente un espíritu sumiso y enseñable hacia su pastor y su liderazgo local. A los pastores y otros líderes se les ha dado la responsabilidad de ser pastores para las personas en el grupo y para aquellos que ministran en sus dones.

Los comentarios y la corrección dados por quienes están en autoridad deberían ser recibidos con agrado por los santos, quienes deberían desear manifestar su ministerio de manera que elogie la filosofía de la iglesia local. Ningún miembro del equipo profético debería nunca suponer que él o ella no necesita recibir dirección o corrección por parte del pastor (ver Proverbios 12:15).

Todos somos seres humanos falibles y sujetos a error, y por eso en algún punto en el tiempo mientras se ministra, cada uno de nosotros cometeremos errores. A veces seremos conscientes de que hemos errado, pero no siempre; por tanto, es importante decidir de antemano estar abierto y dispuesto a ser corregido por quienes están por encima de nosotros. Es igualmente importante que todos aquellos que han sido puestos sobre la congregación ejerciten su autoridad, y no se retraigan de dar represiones si es necesario.

Cuando comete usted un error en el contenido o declaración de una palabra profética pública, es en esos momentos en particular cuando su pastor puede salvarle la vida. Recuerde que es usted miembro de un equipo profético, y no un llanero solitario, y que cada uno de nosotros vamos a recibir sólo una revelación parcial. Al mismo tiempo, su pastor es responsable de la visión general y las muchas funciones de la iglesia local.

Sencillamente porque alguien tenga un don de profecía, o hasta ostente el oficio de profeta en la iglesia local, eso nunca significa que la persona pueda desbancar a su pastor local.

No alargarse demasiado

Una queja común entre los pastores es que muchas personas se alargan demasiado cuando profetizan o ministran dones espirituales en la iglesia. Los profetas declaran palabras elaboradas, al igual que sermones completos a veces.

Aunque es cierto que profetizar es como predicar en el sentido de que ambas cosas tienen verdad que presentar, es igualmente cierto que una presentación complicada o demasiado extensa puede ser aburrida o puede embotar el efecto de esa verdad.

La mayoría de profecías congregacionales pueden darse en un minuto o menos, dos minutos como máximo. Cualquier cosa más extensa se volverá fatigosa para los demás, y será problemática para el pastor, quien es responsable del orden, el desarrollo y el fluir del servicio. Quienes profetizan deberían esforzarse por presentar cualquier revelación con tanta claridad y precisión como sea posible.

Igualmente, una persona no debería sentir que él o ella deberían profetizar en cada uno de los servicios, ya que eso puede limitar que otros ministren sus dones, y hasta puede dar la impresión de que ese individuo en particular está tratando de monopolizar el ministerio profético o espiritual de la iglesia. Ni la extensión ni la frecuencia de la profecía deberían indicar tampoco un don más elevado o mayor honor para quien habla.

Fluir según el orden del servicio

Debiera ser obvio que la profecía no es adecuada durante cualquier parte del servicio, cuando la atención necesita estar enfocada en algo, en particular durante la predicación, los anuncios, o un llamado al altar, cuando una palabra profética se consideraría como una interrupción. Normalmente, el momento de fluir en los dones del Espíritu es durante la parte de alabanza del servicio. Durante los breves momentos entre canciones, los profetas pueden estar preparados para hablar. Los líderes deberían esperar y alentar las manifestaciones del Espíritu mediante la profecía en ese momento.

Cuando los santos ministran durante el momento correcto del servicio, su ministerio debería complementar el flujo del servicio y no contradecir y cambiar el orden del servicio.

Por ejemplo, si la congregación está participando en exuberantes y demostrativas alabanzas de Dios, sería inadecuado compartir una palabra acerca de estar quietos y en silencio delante del Señor.

Creemos que, aunque Dios podría compartir una palabra clave con un individuo que cambiaría el orden del servicio, esa responsabilidad normalmente se daría al pastor y a quienes están en liderazgo y, por tanto, debería ser dirigida a través de ellos.

Si un pastor es fácilmente accesible durante el tiempo de adoración, puede compartir usted su revelación en privado y permitir que ese pastor decida si el momento es el correcto para compartirla. Si no, ¡no se ofenda! Usted habrá dado lo que siente que Dios ha compartido con usted, y ahora estará en manos de quienes Dios ha situado a cargo del servicio.

UNA PROFECÍA PARA LA IGLESIA

Los siguientes ejemplos de profecías colectivas declaradas a nuestra asamblea local son de edificación, exhortación y consolación:

> El Espíritu de Dios me indica que diga que las señales y maravillas registradas en la Biblia son reales; no son cuentos de hadas. El poder de Dios es real; los milagros de Dios son reales; la unción de Dios es real.

He aquí, como ha sido profetizado en el pasado, vienen cambios. El clima espiritual está cambiando. Las profecías están saliendo y cambiando la atmósfera. La Palabra de Dios que está saliendo proféticamente en esta hora está cambiando las épocas. Verán un nuevo mover del Espíritu de Dios en la tierra. Verán a Dios obrar con su mano poderosa. Verán producirse sanidades y milagros. Verán a personas llegar diciendo: "Oh, esto es nuevo".

Pero quiero que sepan, pueblo mío, que en este momento deben levantarse en el poder del Espíritu Santo. No deben retraerse; no deben tener temor a avanzar. Sepan esto, pueblo mío, que el tiempo está maduro y ahora es la época para que los milagros de Dios se produzcan.

De su interior fluirán los ríos de agua viva. Sí, fluirán, y fluirán, y fluirán. Y entonces las personas comenzarán a conocer el poder de Dios, y comenzarán a conocer los milagros de Dios.

Sí, profetizo las señales y maravillas en la iglesia. Profetizo los milagros de Dios en la iglesia y en nuestras ciudades. Sí, proclamo que las personas verán la gloria de Dios. Creerán, y muchas vendrán del norte, y del sur, y del este, y del oeste. Vendrán, y entrarán en una nueva fase de ministerio, y de alabanza, y de glorificar el nombre de Dios. Sí, vendrán porque ustedes se levantarán, al igual que Moisés hizo con su vara. Ustedes hablarán a la tierra; ustedes clamarán que descienda el fuego de

Dios. Ustedes declararán los milagros de Dios con la autoridad que yo les he dado.

Sí, el nombre de Jesús y el poder del Espíritu Santo están en ustedes, y pueden usar la vara y la autoridad para comenzar a declarar que vengan las señales y las maravillas. Al igual que hizo Moisés cuando descendió a Egipto. Él tenía temor, pero yo le dije: "Yo estaré contigo". Yo le di señales y maravillas.

Sí, Dios va a darle a la iglesia señales y maravillas. Cuando reciban las señales y maravillas en sus propias vidas, creerán, como hizo Moisés. Y ustedes usarán la vara y la autoridad que yo les he dado para proclamar los milagros de Dios, para sacar a mi pueblo de la esclavitud, y para liberarlos del faraón, de los capataces, de la atadura, de la crueldad, y de la esclavitud.

Sí, muchos saldrán de iglesias donde están atados, y donde faraones los han gobernado. Faraones los han controlado; faraones han hecho esclavos a muchos de mi pueblo. Sí, ellos saldrán, pero no saldrán hasta que lleguen los milagros, y las señales y maravillas. Sí, los milagros y las señales y maravillas abrirán el camino para que ellos salgan. Ellos saldrán con mano poderosa; saldrán con regocijo; saldrán de Egipto y de la esclavitud; saldrán a través del mar Rojo. Sí, ellos recibirán la gloria y el poder, y la nube y el fuego.

Ellos irán a tierra de Canaán, y entrarán. Ellos desafiarán a los gigantes, derribarán las fortalezas, y poseerán sus posesiones, dice el Espíritu de Dios.

No hay nada —ni hombre, ni diablo— que pueda mantener atado a mi pueblo. ¡Porque al que el Hijo libera es verdaderamente libre!

Como dije en mi Palabra, les he dado la autoridad y la libertad en el Espíritu para ser libres y para no estar enredados de nuevo en el yugo de esclavitud. Pero ser libres para poder entrar en la tierra, desafiar a los gigantes, derribar las fortalezas, recibir su herencia, caminar en las bendiciones, y entrar en la tierra que fluye leche y miel. Sí, una tierra de prosperidad y una tierra que es bendita y fructífera. Sí, está llegando, dice el Espíritu de Dios, pero deben llegar las señales y maravillas. Sí, el flujo profético debe ser fuerte.

Al igual que puse mi unción profética sobre Moisés y sobre los ancianos en aquel tiempo, estoy poniendo mi unción profética sobre el liderazgo de mi iglesia. Habrá fuertes profetas de Dios que se levantarán, y habrá hombres y que fluirán con fuerza en lo profético. Sí, y ellos enseñarán a mi pueblo cómo ser profetas y cómo fluir en lo profético. Ellos liberarán al pueblo de Dios para fluir en la esfera sobrenatural. Ellos profetizarán en sus casas, y profetizarán en sus trabajos, y profetizarán en las calles, y profetizarán en la iglesia.

La palabra profética que salga de sus bocas será como un fuego. Será como un martillo que hace pedazos las rocas. Sí, los principados y potestades se inclinarán, y sabrán que ustedes son el pueblo de Dios con un fluir profético. Ellos descenderán desde los lugares altos en la tierra. Sí, ellos verán; verán la mano de Dios. Sí, ellos temblarán, y temblarán ante el poder de Dios.

Cuando ustedes salgan y declaren la palabra del Señor, ellos obedecerán. Y ellos descenderán por que la Palabra es como una espada. Así que levanten la vista, pueblo mío, y sepan que yo estoy en medio de ustedes. Yo estoy ahí para librarlos, y para hacerlos libres, y para levantarlos, y para hacerles entrar en una nueva esfera.

Ustedes sabrán que es la mano de Dios. Es la mano de Dios. Es la mano de Dios sobre el pueblo de Dios en esta hora para sacar al pueblo de la oscuridad a la maravillosa luz, para que puedan gritar, y danzar, y saltar de gozo. Para que ya no conozcan más dolor y tristeza. Serán un pueblo preparado por el Señor para hacer las obras de Dios. Entonces yo los llamaré al hogar en gloria para ser mi Esposa, dice el Espíritu del Dios vivo.

Capítulo 9

SEÑALES Y MARAVILLAS MEDIANTE LA PROFECÍA

Y O CREO FIRMEMENTE que una de las formas en que nacen los milagros es mediante la profecía. Pensábamos que la profecía era sólo alguien que se levanta y que nos dice algunas cosas alentadoras sobre nosotros mismos o que nos profetiza alguna información acerca del futuro. Desde luego que esa es una parte del fluir profético, pero estoy descubriendo que hay una manifestación mucho más grande del fluir profético. La profecía es mucho más poderosa de lo que creemos.

Estoy descubriendo que el fluir profético abre la esfera espiritual para que la gloria de Dios se manifieste en medio de nosotros.

> Y en los postreros días, dice Dios, derramaré de mi Espíritu sobre toda carne, y vuestros hijos y vuestras hijas profetizarán; vuestros jóvenes verán

visiones, y vuestros ancianos soñarán sueños; y de cierto sobre mis siervos y sobre mis siervas en aquellos días derramaré de mi Espíritu, y profetizarán. Y daré prodigios arriba en el cielo, y señales abajo en la tierra, sangre y fuego y vapor de humo; el sol se convertirá en tinieblas, y la luna en sangre, antes que venga el día del Señor, grande y manifiesto; y todo aquel que invocare el nombre del Señor, será salvo.

—Hechos 2:17–21

Observemos que señales y maravillas siguen a la profecía. Nosotros profetizamos, y entonces Dios comienza a mostrar señales y maravillas. En cuanto el pueblo de Dios comience a profetizar: "Así dice Dios...", comenzarán a suceder cosas en la esfera espiritual con manifestaciones de señales y maravillas en la esfera natural. La profecía es una de las llaves para abrir la esfera espiritual.

Moisés fue un profeta de Dios; tenía la unción profética cuando descendió a Egipto e hizo señales y maravillas. Moisés es un tipo de la Iglesia, porque la Iglesia es responsable de descender a Egipto (un tipo del mundo) para liberar al pueblo de la esclavitud. Yo creo que Dios va a levantar a actuales "Moisés" (profetas del presente) que entrarán con señales y maravillas y harán que el diablo deje libre al pueblo de Dios.

Yo quiero ver las señales y maravillas. Estoy cansado de solamente hablar de ellas. Creo que una forma en que vamos a verlas es mediante las palabras proféticas, porque los profetas de Dios y las profecías que ellos declararán abrirán el camino para que lleguen las señales y maravillas. He leído el segundo capítulo de Hechos muchas veces antes, pero recientemente es cuando establecí la conexión entre profecía y milagros.

Lo que estoy diciendo es que deberíamos esperar que señales y maravillas sigan a los profetas. Cuando los profetas profeticen en la esfera espiritual y la unción de Dios venga sobre ellos, comenzarán a activar los milagros de Dios. Sucesos sobrenaturales comenzarán a suceder en la esfera espiritual mediante palabras proféticas.

Buscar milagros

¿Qué tipo de señales, maravillas y milagros deberíamos esperar ver? Yo creo que deberíamos esperar ver todo tipo —*milagros económicos, milagros de sanidad, milagros de liberación, señales y maravillas sobrenaturales*— en los cielos y en la tierra. Esas cosas sucederán, y confundirán a los no creyentes. Los profetas de Dios van a profetizar que esas cosas se manifiesten. Por eso es tan importante saber, si queremos señales y maravillas en nuestras iglesias, que tenemos que ser iglesias proféticas.

Siempre habrá algunas personas que no quieran señales y maravillas. Con frecuencia, son las que dicen: "Bien, no necesitamos señales y maravillas. Está bien si tenemos algunas señales, maravillas y milagros, pero uno no debería ir tras ellas".

Las personas que dicen cosas como esas no han observado con cuánta frecuencia en la Biblia estaba precedido por alguien que "iba tras él". Por ejemplo, veamos el primer milagro que Jesús hizo en las bodas en Caná.

Convertir el agua en vino

La madre de Jesús le hizo una demanda:

> Su madre dijo a los que servían: Haced todo lo que
> os dijere.
>
> —JUAN 2:5

(Si hay alguien que pueda demandarle algo a usted, es su madre. Su madre puede hacer que usted haga algo cuando ninguna otra persona puede).

> Y estaban allí seis tinajas de piedra para agua,
> conforme al rito de la purificación de los judíos, en
> cada una de las cuales cabían dos o tres cántaros.
>   Jesús les dijo: Llenad estas tinajas de agua. Y las
> llenaron hasta arriba.
>
> —JUAN 2:6-7

Todo este milagro es profético. El Señor dijo que llenasen las tinajas de agua. ¿Qué representa el agua en la Palabra de Dios? Representa la Palabra, la limpieza de la Palabra. Las tinajas representan vasos terrenales. Nosotros somos vasos terrenales, y Él ha estado llenándonos de la Palabra.

Tenemos más Palabra ahora de la que tuvimos antes. Tenemos la Palabra sobre la intercesión, sobre la autoridad espiritual, sobre la profecía, sobre atar y desatar en el nombre de Jesús, sobre sanidad, sobre liberación, sobre alabanza y adoración. Hemos leído muchos libros; hemos escuchado muchas cintas y CD. Estamos llenos de la Palabra ahora.

> Entonces les dijo: Sacad ahora, y llevadlo al
> maestresala. Y se lo llevaron.

> Cuando el maestresala probó el agua hecha
> vino...
>
> —Juan 2:8–9

Jesús convirtió el agua en vino, y eso es lo que el Señor está haciendo ahora. ¿Qué representa el vino? Representa al Espíritu Santo. No es suficiente con tener la Palabra en usted; puede tener todo tipo de pasajes bíblicos en usted y ser sólo una Biblia andante. El Señor quiere convertir esa agua en vino; Él quiere que esa agua salga de usted como vino, y quiere que comience usted a fluir en el Espíritu Santo.

Usted puede tener la Palabra, pero si no tiene el Espíritu, no puede hacer nada con la Palabra. En estos últimos tiempos el Señor va a convertir el agua en vino. No vamos a ser solamente el pueblo de la Palabra; por el contrario, vamos a ser el pueblo de la Palabra y del Espíritu. Vamos a hacer milagros, a profetizar, a echar fuera demonios, y a fluir en nuevos cantos. ¡Ese es el vino nuevo de Dios!

Uno de los problemas con algunas iglesias de la Palabra es que se quedan estancadas en la Palabra. Es como si sólo quisieran el agua; no quieren fluir en el vino. Dicen: "Lo único que se necesita es la Palabra. Uno no necesita todas esas cosas del Espíritu; solamente creer la Palabra". La Biblia dice que la letra mata pero el Espíritu vivifica (2 Corintios 3:6). Puede usted tener toda la Palabra que quiera y seguir siendo una iglesia muerta con este tipo de mentalidad.

Yo estoy de acuerdo en que necesitamos la Palabra. La Palabra es el fundamento de todo. Observemos que Jesús declaró la Palabra antes de convertir el agua en vino. Es arriesgado intentar tener el Espíritu antes de tener la Palabra, porque si tiene usted el Espíritu y no sabe ninguna Palabra, puede terminar metiéndose en algunas cosas extrañas, pensando que es "el Espíritu".

Muchas iglesias en la actualidad tienen una mentalidad de salón de clase. Usted asiste a la iglesia y toma notas cada domingo. Bien, Dios es algo más que un gran salón de clase; Él quiere sacar a la iglesia de parte de esa mentalidad. Nos hemos sentado bajo las enseñanzas de alguien que nos ha aburrido casi hasta morir; es momento de ver algunas señales, maravillas, milagros, el flujo profético y algo de vino. Los santos se están cansando de solamente tomar notas; ya lo han hecho lo suficiente. Están saliendo de iglesias muertas, buscando el fluir, el poder y la unción de Dios.

> Dicho esto, escupió en tierra, e hizo lodo con la saliva, y untó con el lodo los ojos del ciego, y le dijo: Ve a lavarte en el estanque de Siloé (que traducido es, Enviado). Fue entonces, y se lavó, y regresó viendo.
>
> —JUAN 9:6–7

Ahora bien, le garantizo que Jesús no encontró eso en el libro de alguien. Usted no irá a una librería y encontrará eso como la forma de sanar los ojos de las personas. Hay algunas cosas que no va usted a aprender en los libros; hay algunas cosas que no van a estar en consonancia con su teología. Usted tiene que saber cómo fluir en el Espíritu de Dios; tiene que saber cómo profetizas que el agua se convierta en vino.

La madre de Jesús le pidió que lo hiciera, y aunque Él era renuente a revelar su divinidad demasiado temprano, lo hizo.

Luego, más adelante, en el mismo lugar, Caná, leemos sobre otro milagro "especial a petición":

> Vino, pues, Jesús otra vez a Caná de Galilea, donde había convertido el agua en vino. Y había en Capernaum un oficial del rey, cuyo hijo estaba enfermo.
>
> Este, cuando oyó que Jesús había llegado de Judea a Galilea, vino a él y le rogó que descendiese y sanase a su hijo, que estaba a punto de morir.
>
> Entonces Jesús le dijo: Si no viereis señales y prodigios, no creeréis.
>
> —Juan 4:46–48

Como ve, hay algunas personas que nunca creerán a menos que vean señales y maravillas. Algunas personas son demasiado tercas y ciegas para recibir salvación; tienen cabezas duras y corazones duros. A pesar de lo mucho que alguien les predique y les hable sobre Jesucristo, algunas personas seguirán sin creer el mensaje del evangelio por sí mismas.

Dios sabe que algunos de nosotros somos demasiado duros de corazón para ser salvos, y por eso nos muestra una señal y una maravilla. Ese es el amor y la misericordia del Señor que nos atrae a la salvación.

Serán necesarias señales y maravillas para convencer a esas personas de que Dios es real. Esa es una de las principales razones por la que necesitamos ver señales y maravillas. Dios podría sencillamente decir: "Olvídalo; muérete y vete al infierno". Por el contrario, Él envía pruebas, en especial cuando alguien abre el camino por medio de una sincera petición.

Con frecuencia, la única forma para que alguien tenga

suficiente fe para acudir a Dios en busca de un milagro es en una atmósfera de adoración desesperada y que busca a Dios, la cual engendra profecía. Yo estoy agradecido porque servimos a un Dios amoroso.

Dios desea hacer nacer milagros mediante la profecía, pero será necesario que la iglesia sea receptiva a lo profético. Solamente entonces entraremos en la profundidad que Dios desea para su pueblo.

No hay profetas, no hay milagros

Solíamos pensar que un profeta era alguien que simplemente iba caminando por ahí y lo sabía todo sobre uno. Eso no es cierto. Yo fluyo en lo profético, y apenas sé nada de nadie. Normalmente, sólo recibo revelación acerca de personas cuando les impongo mis manos. Ese es el modo en que opera mi don. Rara vez simplemente miro a una persona y sé cosas sobre ella.

Aun mediante su discernimiento natural, cualquiera puede mirar a la persona y decir que ha cometido errores. No necesita usted un sueño o una visión para saber eso. Si un hombre va caminando por la calle con aspecto de loco, hablando solo, peleando y moviendo sus puños, no necesita usted una unción del cielo para ver que esa persona tiene un problema.

El principal propósito del ministerio profético no es revelar secretos; es profetizar con tal unción que usted traspasa los lugares celestiales y rompe los poderes de las tinieblas. La profecía abre la puerta para que llegue la gloria de Dios. La profecía realmente allana el camino para que la Palabra de Dios sea ministrada.

El ministerio profético también allana el camino para los

milagros. La profecía hace posible que llegue un cambio en las vidas de personas. La adoración profética que fluye en el servicio de alabanza aun antes de que ministre el orador crea un cambio en la atmósfera espiritual. Un flujo de gloria comienza a llegar, y cuando el orador se levanta para ministrar la Palabra de Dios y edificar la fe de las personas, el lugar ya está tan lleno de la gloria de Dios que el siguiente paso es entrar directamente en milagros, señales y maravillas. Probablemente usted mismo lo haya visto. Por eso, muchas veces, Dios tiene que traer el flujo profético primero, antes de que sucedan los milagros.

Lea la Biblia con esta mentalidad. Apenas encontrará milagros en la Biblia en los que no hubo profetas. Lea en el libro de Jueces, donde el ángel del Señor vino a Gedeón y dijo: "Varón esforzado y valiente...". Y Gedeón respondió: "¿Y dónde están todas las maravillas?" (ver Jueces 6:12-13).

Si leemos sobre milagros en la Biblia y nos preguntamos por qué no vemos muchos de ellos en la actualidad, no necesitamos seguir preguntándonos. Se debe a que no tenemos muchos profetas que fluyan en la unción profética y hagan descender la gloria de Dios. No tenemos muchos profetas profetizando que se manifiestan milagros.

Dios siempre habla a sus siervos, los profetas, antes de hacer nada (Amós 3:7). Puede usted entrar en una ciudad que esté tan atada por demonios y tan cerrada por diablos, con principados y potestades tan fuertes, que sea incapaz de comenzar un mover de Dios en esa ciudad. Usted necesita que lleguen los profetas y profeticen la mente y la voluntad de Dios en ese lugar.

Algunos pastores no tienen ningún milagro en sus iglesias,

y aun así reprenden a su congregación por asistir a un servicio que sí los tiene. Les dicen a sus miembros: "No, no vayan allá. Hay muchos falsos profetas en la tierra".

Le diré algo, pastor; por qué no reúne a toda su iglesia, acude allá con ellos, y decide si esa persona es de Dios o no. Si es de Dios, entonces deles libertad para asistir. Si no lo es, entonces vaya usted primero y advierta a su congregación. Si las personas se desvían, el pastor tiene el derecho de corregirlas. Algunas personas sí necesitan ser corregidas, pero, por favor, no mate el hambre y el deseo que tiene la gente de fluir en lo sobrenatural y de la gloria de Dios. No lo mate. Guíelos, adviértalos, aliéntelos a buscar la gloria de Dios, porque mediante la gloria de Dios es como ellos experimentarán un cambio.

Esa es la razón de que alentemos a las personas a salir y ser testigos de milagros, señales, maravillas, sanidades, y fluir profético del Espíritu de Dios. A muchos pastores no les gusta eso; dicen: "Ustedes se están llevando a mis miembros".

Bien, ellos necesitan acudir a un lugar como nuestra iglesia porque esos pastores están obstaculizando a sus miembros para que fluyan en el Espíritu Santo. Se están interponiendo en el camino de la gloria de Dios.

La Escritura dice que Él "manifestó su gloria". Los milagros son una manifestación de la gloria de Dios. Es la gloria de Dios la que produce un cambio en usted. Los milagros le cambiarán porque le introducen a la transformadora gloria de Dios. El apóstol Pedro es un ejemplo.

La Biblia dice que Jesús llamó a Pedro y a su hermano y les dijo que le siguieran y que Él les haría pescadores de hombres (Mateo 4:19; Marcos 1:17). Hay otro relato que dice que Jesús le dijo a Pedro que echase su red "para pescar":

> Cuando terminó de hablar, dijo a Simón: Boga mar adentro, y echad vuestras redes para pescar.
>
> Respondiendo Simón, le dijo: Maestro, toda la noche hemos estado trabajando, y nada hemos pescado; mas en tu palabra echaré la red. Y habiéndolo hecho, encerraron gran cantidad de peces, y su red se rompía. Entonces hicieron señas a los compañeros que estaban en la otra barca, para que viniesen a ayudarles; y vinieron, y llenaron ambas barcas, de tal manera que se hundían.
>
> Viendo esto Simón Pedro, cayó de rodillas ante Jesús, diciendo: Apártate de mí, Señor, porque soy hombre pecador.
>
> Porque por la pesca que habían hecho, el temor se había apoderado de él, y de todos los que estaban con él, y asimismo de Jacobo y Juan, hijos de Zebedeo, que eran compañeros de Simón. Pero Jesús dijo a Simón: No temas; desde ahora serás pescador de hombres.
>
> Y cuando trajeron a tierra las barcas, dejándolo todo, le siguieron.
>
> —Lucas 5:4–11

Cuando Pedro echó su red, la pesca fue muy grande, ¡fue milagrosa! Al ver eso, Pedro cayó a los pies de Jesús y dijo: "Apártate de mí, Señor, porque soy hombre pecador". Ese milagro quebrantó a Pedro y cambió su vida.

Una de las razones por la cual tenemos muchos ministerios

débiles y no muchos ministerios fuertes que nacen en la tierra es que muchos de ellos no han nacido mediante milagros.

El ministerio de Pedro nació mediante un milagro. Cuando esa red se rompió, él cayó a los pies de Jesús y dijo: "Apártate de mí, Señor". El Señor dijo: "No temas, Pedro; desde ahora serás pescador de hombres". En otras palabras: "Este es tu ministerio, Pedro".

Los milagros son mucho más que solamente: "Bien, tuvimos un milagro". Los milagros pueden cambiar a personas, y los milagros pueden hacer nacer fuertes ministerios en la tierra. ¿A cuántos de los que leen este libro les gustaría ver apóstoles fuertes, profetas fuertes, evangelistas fuertes, pastores fuertes, y maestros fuertes?

No estoy hablando de algún débil predicador que no camina en ninguna capacidad sobrenatural y dice que ha sido llamado por Dios. Estoy hablando de ministerios fuertes que cambian iglesias, ciudades y naciones. No estoy hablando de alguien con documentos de ordenación; cualquiera puede estudiar para ser predicador, obtener documentos de ordenación, y seguir siendo débil. Estoy hablando de ministerios de Dios ungidos.

La gloria de Dios va estar orquestada mediante el flujo profético. El flujo profético va a traer la gloria. Cuando viene la gloria, los milagros siguen; las sanidades siguen. Vamos a profetizar cosas que van a ser establecidas en la esfera espiritual; vamos a ver los milagros de Dios. ¡Vamos a ver vidas cambiadas por el poder sobrenatural de Dios!

Lo mejor está aún por llegar

Quiero que observe que lo mejor está aún por llegar. El Señor ha guardado el vino nuevo hasta el fin de la era. Hablamos de milagros, señales y maravillas; ¡aún no hemos visto nada!

> Cuando el maestresala probó el agua hecha vino, sin saber él de dónde era, aunque lo sabían los sirvientes que habían sacado el agua, llamó al esposo, y le dijo: Todo hombre sirve primero el buen vino, y cuando ya han bebido mucho, entonces el inferior; mas tú has reservado el buen vino hasta ahora.
> —Juan 2:9–10

¿Ha leído alguna vez el libro de Hechos con un anhelo de regresar a aquella época? No se preocupe; en este momento, hoy día, Él está convirtiendo el agua en vino. De hecho, Él ha reservado el mejor vino para el final, y la gloria de la casa postrera va a ser mayor que la casa de la primera (Hageo 2:9). Vamos a caminar en tales milagros que no habrá comparación. Yo prefiero estar en este mover de Dios que estar en el libro de Hechos, porque este vino sabe mejor.

> Este principio de señales hizo Jesús en Caná de Galilea, y manifestó su gloria; y sus discípulos creyeron en él.
> —Juan 2:11

Observe que los milagros son manifestaciones de la gloria de Dios. Puede que diga usted: "Bueno, hermano John, ¿por qué necesitamos milagros?". La respuesta es sencilla: necesitamos la gloria.

"Bueno, hermano John, ¿por qué necesitamos la gloria?". La respuesta es porque solamente la gloria es lo que nos cambiará a la imagen de Jesucristo. Llega la profecía, llegan los milagros, llega la gloria; luego llega el cambio. Somos transformados a semejanza de Él.

Capítulo 10

LA PROFECÍA Y LA GLORIA DE DIOS

E S LA GLORIA de Dios la que le cambiará a imagen de Jesucristo. No hay modo en que pueda usted entrar en contacto con la gloria de Dios y no quedar afectado con un cambio positivo.

Estoy seguro de que la mayoría de las personas aún no han entrado realmente en contacto con la gloria de Dios, aunque se sienten en la iglesia semana tras semana, oyendo la Palabra. ¿Cómo lo sé? Lo sé porque las personas pueden asistir regularmente a la iglesia año tras año, oír la Palabra, seguir las formalidades religiosas, y sin embargo nunca parecer cambiar a imagen de Jesucristo en lo más mínimo. Siguen siendo como antes; están atascadas.

Las personas pueden orar, leer su Biblia, y aun así nunca experimentar el cambio que Dios desea, hasta que entren en contacto con la gloria de Dios. Pero la gloria de Dios no

140

ha sido manifestada en muchas de sus iglesias; no tienen la unción de Dios.

No importa lo mucho que las personas *quieran* cambiar. Necesitan algo más a fin de poder llegar al cumplimiento de sus deseos. Y ese algo más es la gloria de Dios.

CAMBIADOS A SU IMAGEN

La Escritura dice que somos transformados de gloria en gloria en la misma imagen, como por el Espíritu del Señor:

> Porque el Señor es el Espíritu; y donde está el Espíritu del Señor, allí hay libertad. Por tanto, nosotros todos, mirando a cara descubierta como en un espejo la gloria del Señor, somos transformados de gloria en gloria en la misma imagen, como por el Espíritu del Señor.
>
> —2 CORINTIOS 3:17–18

Debemos tener la gloria de Dios en nuestros servicios a fin de experimentar un cambio. ¿Qué es la gloria de Dios? La gloria de Dios es la presencia tangible y manifiesta de Dios. ¿Qué quiero decir con eso?

La mayoría de las personas entienden que Dios es omni-presente; las personas comprenden que Dios está en todas partes y, por tanto, saben que Dios está presente aunque uno lo sienta o no. La Biblia dice que los ojos del Señor están en todas partes, contemplando al malo y al bueno.

Y aun así, es probable que usted no vaya a sentir la pre-sencia de Dios en un bar. Por el contrario, va a sentir la presencia de demonios, de pecado y de oscuridad.

La gloria de Dios es algo que puede usted sentir y ver. En el Antiguo Testamento, la gloria de Dios era manifestada en una columna de nube durante el día y en una columna de fuego en la noche. También era manifestada a veces por humo, aunque no era un humo literal sino más bien la fuerza palpable de su presencia. Usted puede ver la gloria de Dios, y puede sentirla.

Ahora bien, entiendo que no hemos de ser guiados por nuestros sentimientos. Sé que hemos de caminar por fe. Pero eso no significa que no sea posible sentir la presencia de Dios.

Quiero que entienda este hecho: *aunque puede que usted no sienta a Dios, Él está en usted en este momento.*

Muchas veces puede usted pasar un día entero y no sentir que es salvo; no siente la unción de Dios. Pero eso no le molesta; camina usted por fe, y sabe que Dios está en su interior lo sienta usted o no.

A pesar de si lo siente a Él en este momento o no, usted cree que Él es glorioso y poderoso, y que Él ha venido para morar con su pueblo, y eso significa que Él mora en su propio corazón. Por tanto, no se sorprenda si la presencia tangible de Dios —lo que denominamos "la gloria" de Dios— marca una diferencia tangible en usted.

Cuando la gloria de Dios viene, cuando la tangible unción y la presencia de Dios están en un edificio o en una persona, la persona no puede evitar ser cambiada. Cuando eso sucede, usted es capaz de sentir la presencia de Dios por encima de la esfera de la fe. La influencia de Dios es muy pesada porque Él se está manifestando. Su presencia manifiesta produce un cambio; las personas no pueden entrar en contacto con la gloria de Dios sin ser cambiadas.

El problema de la iglesia es que tiene mucha enseñanza, predicación, estudios bíblicos y cantos, pero nunca experimenta la presencia tangible de Dios, o la unción y la gloria de Dios de modo constante. Por eso algunos de nosotros seguimos siendo igual aunque hayamos estado estudiando la Biblia y leyendo materiales religiosos toda nuestra vida de adultos. Desgraciadamente, algunos de nosotros hasta estamos empeorando en lugar de mejorar.

Gran búsqueda

Necesitamos perseguir la gloria y la presencia de Dios, aunque siempre tendremos personas que no quieran que usted persiga nada. Ellos son quienes dicen: "Ten cuidado ahora, al ir tras esos milagros. Ya sabes que hay muchos espíritus engañadores por ahí". "Ten cuidado con profetizar porque podría no ser de Dios". "Ten cuidado con la liberación porque esos demonios podrían saltar sobre ti".

También podrían decir: "No vayas a ninguna parte. Necesitas quedarte aquí y morir con nosotros. Quédate aquí, y no hagas nada". Esas personas ahogarán el celo que usted tiene; harán que deje de perseguir la transformadora gloria del Dios vivo.

Yo he descubierto que cuando las personas son salvas, tienen mucho celo. Dios pone esa cualidad en ellas, pero después de un tiempo comienzan a ahogar ese celo. Los demonios de religiosidad siempre les dicen que se queden sentadas y calladas. Los espíritus de mentira le dirán que tiene usted *demasiado* celo.

Pero yo creo que la naturaleza de Dios es ser celoso.

La gloria liberada
mediante la profecía

Dios tiene maneras de revivir el celo que usted tiene; Él tiene maneras de ayudarlo a recuperar su anhelo por tener más de su gloria. Una de las maneras en que la gloria de Dios se libera es mediante la profecía.

> Pero si todos profetizan, y entra algún incrédulo o indocto, por todos es convencido, por todos es juzgado; lo oculto de su corazón se hace manifiesto; y así, postrándose sobre el rostro, adorará a Dios, declarando que verdaderamente Dios está entre vosotros.
>
> —1 Corintios 14:24–25

Este pasaje habla de un individuo que entra en contacto con la gloria de Dios mediante el flujo profético. Puede que hasta sea un incrédulo o una persona que no sepa mucho sobre Dios. Observe que cuando entra en contacto con la gloria y la presencia de Dios: (1) será convencido; (2) será juzgado; y (3) se postrará sobre su rostro y dirá: "Verdaderamente Dios está en este lugar".

¿Cuántas veces entran pecadores a nuestros servicios y se van sin ser cambiados? ¿Dónde está esa "nueva vida" de la que predicamos? Yo conozco a pecadores que asisten a la iglesia, se sientan y escuchan todo el sermón, dan un apretón de manos al predicador, y salen por la puerta de la iglesia en el mismo estado en el que entraron. No han experimentado un cambio.

¿Por qué? Porque ese pecador no entró en contacto con la gloria de Dios. No hubo profecía, no hubo presencia manifiesta de Dios; nada sino religión. La religión no cambia a nadie, y por eso *debemos* tener profecía.

La gente dirá: "Realmente no necesitamos eso; no es importante". Ellos no entienden que la gloria de Dios va a cambiar no sólo a los incrédulos, sino también a los creyentes. Si cree usted que puede seguir adelante simplemente siendo salvo y lleno del Espíritu Santo, pero sin el flujo profético o los milagros, está usted tristemente equivocado. Si cree que va a llegar a ser semejante a Jesús sin la gloria de Dios, está caminando en autoengaño.

Usted va a ser la misma persona que era hace cinco años, con la misma actitud, la misma vena de maldad, y las mismas debilidades. Es cierto que será usted salvo por la gracia de Dios, pero no será más semejante a Jesús de lo que era hace cinco años.

No importará cuántas personas sean desafiadas por el predicador a "realizar un cambio". A todos nosotros nos han dicho que necesitamos cambiar; nos han dicho que necesitamos crecer; nos han dicho cuán lejos estamos, y nos han dicho que nos arrepintamos. Nos han dicho todo eso, pero no ha habido una manifestación real de la gloria de Dios. Nosotros no tenemos capacidad para hacer todos esos cambios; todas nuestras buenas intenciones y decisiones no pueden lograrlo. Es imposible.

Debemos tener la gloria. De otro modo, permaneceremos atascados durante el resto de nuestra vida en la tierra.

Cambio atmosférico

El flujo profético es una de las vías que liberan la gloria de Dios. Cuando los profetas comienzan a profetizar, eso trae la gloria de Dios a un edificio. Es como entrar a una casa donde ha habido mucha blasfemia, pelea, discusión y lucha antes de que usted llegase. Puede usted entrar en la habitación y sentir la presencia de espíritus malos; también puede sentir la confusión en el aire. Las palabras liberan cosas.

El mismo principio funciona en el lado positivo con la unción profética. Cuando los profetas comienzan a profetizar: "Así dice el Señor...", eso carga la atmósfera de fe y del poder, de la gloria y del Espíritu de Dios, preparando el camino para los milagros. Es la tangible manifestación de la gloria y de la unción de Dios la que producirá milagros. Usted puede sentirla; sabe que Dios está en ese lugar.

En conferencias en que nuestra iglesia es anfitriona, tenemos muchos cantos proféticos, canciones proféticas y cantos nuevos. Avivamos los dones de Dios. ¿Por qué? Porque cuando hacemos eso, estamos trayendo la presencia de Dios a ese lugar en un mayor grado. Dios ya está allí, pero estamos haciendo que el ambiente conduzca a los milagros de Dios y al cambio en las vidas de las personas.

Por tanto, la próxima vez que oiga a alguien decir: "Bien, mira, no necesitamos ir tras los milagros. Realmente no necesitas buscar milagros", no escuche. Eso no es cierto. En ningún lugar en la Biblia, Jesús reprendió nunca a nadie por buscar milagros, sanidades o una palabra de Él. Nunca. No encontrará eso en ninguna parte.

El Señor siempre quiere que tengamos corazones hambrientos y que busquemos su gloria y su poder. Qué pensará

Jesús cuando oye a alguien desalentando a otro creyente, diciéndole: "Oye, ten cuidado. Tienes demasiado celo. Siéntate; no vayas tras eso". Eso sencillamente mata su espíritu hambriento.

Eso solamente quita la vida del creyente con celo. Esas mismas personas nunca alientan a otros a buscar la gloria de Dios; no ofrecen ninguna buena alternativa, sino que simplemente los desalientan, los cierran, hacen que se llenen de temor, y los advierten diciendo: "Mira, si vas allá, podría ser una palabra equivocada; podrías ser engañado; podrían aprovecharse de ti".

Ellos derrotan el apetito espiritual que Dios ha puesto en esas personas. Este tipo de mentalidad obstaculiza la fe. No es sorprendente que tengamos un grupo de personas muertas sentadas en la iglesia que no buscan nada. Se les ha enseñado que eso de alguna manera está mal.

CLIMAS ESPIRITUALES

Antes de que Dios haga nada sobrenatural a gran escala, debe haber palabras proféticas. Debido a que algunos climas espirituales no conducen a los milagros, necesitamos una cultura profética para hacer cambios en la atmósfera espiritual de un lugar.

Jesús entró en su ciudad natal y no pudo hacer grandes obras allí debido a su incredulidad. El clima espiritual de esa ciudad no conducía a los milagros:

> Y no pudo hacer allí ningún milagro, salvo que sanó a unos pocos enfermos, poniendo sobre ellos las manos. Y estaba asombrado de

la incredulidad de ellos. Y recorría las aldeas de
alrededor, enseñando.

—Marcos 6:5–6

Aunque Él era el Hijo de Dios con el poder y la unción
de Dios sin medida, cuando fue a Nazaret no puedo hacer
ninguna gran obra. En otras palabras, el espíritu de incredulidad era fuerte en aquella ciudad. Jesús puso sus manos
solamente sobre algunas personas enfermas y los sanó, pero
no pudo hacer ningún milagro.

La mayoría de las iglesias y ciudades tienen un clima
espiritual que no conduce al poder para hacer milagros de
Dios. Demasiados espíritus de religión, tradición, incredulidad, duda, pecado, perversión, oscuridad y otros espíritus
retienen a las personas.

Dios siempre quiere ministrar a las personas. El problema
no es que Él no esté listo; quienes no están listas son las personas. Para hacer que el clima espiritual cambie, algo tiene
que romperse.

Cuando Dios iba a sacar a Israel de Egipto, ellos no estaban
preparados para sencillamente salir. Dios tuvo que enviar
diez plagas con el propósito de romper algo antes:

> Dijo, pues, Moisés: Jehová ha dicho así: A la media-
> noche yo saldré por en medio de Egipto, y morirá
> todo primogénito en tierra de Egipto, desde el
> primogénito de Faraón que se sienta en su trono,
> hasta el primogénito de la sierva que está tras el
> molino, y todo primogénito de las bestias. Y habrá

gran clamor por toda la tierra de Egipto, cual
nunca hubo, ni jamás habrá.

—ÉXODO 11:4–6

Muchas veces, algo tiene que romperse en la esfera espiritual antes de que Dios pueda cumplir lo que Él desea hacer.
Puede que usted se pregunte por qué Dios no podía simplemente llegar y sacar a los hijos de Israel; se debe a que algo
tenía que ser roto en la esfera espiritual antes de que el pueblo
de Dios pudiera salir. Ese es el caso en muchas ocasiones.
Algo tiene que ser roto en la esfera del espíritu antes de que
Dios pueda sacar a las personas de un área en particular de
esclavitud y llevarlas a una nueva área de libertad.

Algunas personas nunca salen de ciertas áreas de atadura
porque algo no ha sido roto en la esfera espiritual y no ha
sido tratado con el poder de Dios. Hasta que el poder de Dios
rompa eso en la esfera espiritual, esas personas permanecerán
en esclavitud.

Deja ir a mi pueblo

Satanás nunca va a dejar ir al pueblo por voluntad propia;
no es su naturaleza hacerlo. Satanás nunca va a permitir que
una persona sencillamente sea libre; él la retendrá. Vemos
eso cada vez que Moisés iba a Faraón y le decía: "Deja ir
a mi pueblo". Faraón endurecía su corazón, y tuvo que ser
obligado a dejar ir al pueblo. Algo tiene que ser roto antes de
que él los deje ir.

Hay muchas personas atadas por la religión y la tradición.
Esos espíritus no van a dejarlas ir solamente porque ellas
se lo pidan, sin importar lo grandes hombres o mujeres de
Dios que sean. Si yo dijese: "Muy bien, demonios, dejen ir al

pueblo, ¿lo harán, por favor? Queremos salir y servir a Dios. Estamos cansados de estar en esclavitud". No creo que el demonio dijera: "Muy bien, puedes llevártelos, Eckhardt". ¡De ninguna manera! Hay que romper esa fortaleza en el espíritu.

Dios envió a Moisés a Israel con la vara de autoridad de Dios para ordenar las plagas, las señales y maravillas a fin de romper esa atadura en el espíritu. Moisés fue un profeta. Del mismo modo en nuestra época, Dios está levantando personas con una unción profética para romper cosas en el espíritu. Luego Dios puede moverse. Por eso Dios quiere levantar fuertes iglesias proféticas. Esas iglesias se levantarán en el espíritu y profetizarán; la gloria vendrá, la unción saldrá y romperá las potestades de las tinieblas en los lugares celestiales y abrirá el camino para las señales, las maravillas y la liberación.

El adversario

Debido a esa historia, el diablo siempre ha aborrecido la unción profética, y siempre ha intentado matar a los profetas de Dios.

Por eso la sabiduría de Dios también dijo: Les enviaré profetas y apóstoles; y de ellos, a unos matarán y a otros perseguirán, para que se demande de esta generación la sangre de todos los profetas que se ha derramado desde la fundación del mundo, desde la sangre de Abel hasta la sangre de Zacarías, que murió entre el altar y el templo; sí, os digo que será demandada de esta generación.

—Lucas 11:49-51

Jesús dijo que desde el profeta Abel hasta Zacarías, los habían matado. ¿Sabía usted que Abel fue el primer profeta de Dios? El diablo aborrece y teme la unción profética, y esa es la razón por la cual hizo que Caín se levantase y matase a su hermano. Él hizo que Jezabel intentase matar a todos los profetas en la tierra. Abdías tomó a más de cien profetas y los escondió en una cueva porque Jezabel quería aniquilar a los profetas de Dios. Herodías, que estaba poseída por un espíritu de Jezabel, hizo que cortasen la cabeza a Juan el Bautista.

Hay algo sobre el espíritu profético que el diablo aborrece porque hace mucho daño a su reino de tinieblas. Él quiere matar a los profetas y callarlos porque las palabras que salen de sus bocas tienen mucho poder. ¡Son como un martillo! Están tan ungidas que rompen cosas en la esfera espiritual.

La razón por la cual el diablo intentó matar a Moisés cuando era sólo un bebé es obvia. El diablo siempre ha tratado de matar a los profetas de Dios. De igual manera, el diablo ha intentado, en la última generación, de matar a bebés mediante el espíritu de aborto. Teme que los profetas de Dios vayan a llegar, y por eso está intentando matarlos en el vientre de su madre. Piense sobre eso. ¿Cuántos profetas de Dios han sido asesinados mediante el aborto?

Tengo noticias para el diablo. A pesar de todos los bebés que él mate, Dios siempre tendrá un arca. Él puso a Moisés en un arca cuando su madre lo puso en el pequeño cesto en el río. Hay profetas que van a nacer y a los que el diablo no puede matar a pesar de lo mucho que lo intente. Puede que mate a algunos de ellos, pero no puede matarlos a todos. Aquellos que vivan serán los que destrocen su reino.

El diablo está preocupado porque no ha podido matar a muchos de ellos; teme la unción profética porque rompe cosas en el espíritu, cambia el clima espiritual y destroza su reino.

Dios está levantando iglesias proféticas en cada ciudad, y ellas van a romper las potestades de tinieblas en sus ciudades. Eso no significa que todos en la ciudad vayan a ser salvos o se unan a su iglesia; significa que Dios va a tratar con las potestades de las tinieblas que están sobre las ciudades. La unción profética de las iglesias no sólo va a bendecir a las personas que estén en la iglesia, sino que también alcanzará a los lugares celestiales y romperá ataduras. Los demonios verán roto su poder mediante la unción profética que está sobre esas iglesias.

Ciertas iglesias clave en cada ciudad fluirán en la unción profética. No todas las iglesias van a hacerlo, pero habrá ciertas iglesias clave que Dios levantará y sobre las cuales pondrá la unción profética. Las personas en esas iglesias fluirán de forma poderosa en profecía, y la unción será muy fuerte. Junto con el fluir profético llegará la gloria de Dios.

Muchos predicadores han ido a ciudades que no han sido rotas y abiertas mediante el flujo profético. Ellos intentan levantar una iglesia y batallan por años, preguntándose por qué no pueden hacer despegar un ministerio. Se debe a que no han hecho un seguimiento con celo; no han proseguido con su ímpetu original. Necesitan personas que caminen en la unción apostólica y profética para profetizar bajo el poder sobrenatural de Dios. Eso hará que haya adelantos en las esferas de la oscuridad, derribando los principados y las potestades; también abrirá la atmósfera para que la gloria de Dios y los milagros entren en esa ciudad.

Necesitamos la gloria. Necesitamos el fluir profético. ¡Necesitamos ser un pueblo profético!

Capítulo 11

PROFECÍA CON IMPOSICIÓN DE MANOS

L A PROFECÍA CON imposición de manos es una manera poderosa de lanzar a las personas a su llamado y su destino. Pablo le dijo al joven Timoteo: "No descuides el don que hay en ti, que te fue dado mediante profecía con la imposición de las manos del presbiterio" (1 Timoteo 4:14).

Un estudio del poder de la oración con imposición de manos a lo largo de la Biblia es beneficioso para entender cuál es su parte cuando se combina con la profecía. Muchas bendiciones diferentes pueden impartirse mediante la imposición de manos combinada con la profecía:

> Y Jehová dijo a Moisés: Toma a Josué hijo de Nun, varón en el cual hay espíritu, y pondrás tu mano sobre él;

> y lo pondrás delante del sacerdote Eleazar, y
> delante de toda la congregación; y le darás el cargo
> en presencia de ellos.
> Y pondrás de tu dignidad sobre él, para que toda
> la congregación de los hijos de Israel le obedezca.
> —NÚMEROS 27:18–20

Hay ciertas unciones que se reciben directamente del Señor, pero hay otras que llegarán exclusivamente mediante la oración con imposición de manos.

ASCENSO Y EXALTACIÓN

El primer propósito del que hablaremos de la imposición de manos es el ascenso y la exaltación. Cuando el Señor desea ascender y exaltar a una persona en el Reino, con frecuencia lo hará mediante la imposición de manos. Vemos esto en la vida de Josué. Moisés recibió instrucciones del Señor de imponer sus manos sobre Josué con el propósito de establecerlo como el líder para la siguiente generación de Israel.

Cada nueva generación necesita un nuevo liderazgo, y el Señor eleva y exalta a quienes tienen el espíritu *correcto*. Josué es descrito como "varón en el cual hay espíritu" (Números 27:18). En otras palabras, él era la persona con el espíritu correcto para ser el siguiente líder.

Josué no se ascendió a sí mismo; esperó al ascenso del Señor. Hay demasiados ministros que tratan de ascenderse a sí mismos y sus ministerios. Son como Adonías, el hijo de David, que preparó carros y hombres a caballo y se declaró a sí mismo el siguiente rey (1 Reyes 1). Por otro lado, se habla de Josué como el servidor de Moisés (Josué 1:1). Él era un fiel servidor de Moisés.

Debido a que fue muy fiel a Moisés, el Señor lo ascendió para ser el siguiente líder de Israel. Para hacer eso, el Señor dijo a Moisés que impusiera sus manos sobre Josué y le transfiriera el manto espiritual de autoridad para el liderazgo.

Se ordenó a Moisés que hiciera eso abiertamente, delante de la congregación. Todos necesitaban ver a la persona sobre la cual Moisés impuso sus manos. Esto es un ejemplo de la razón por la cual es tan importante la ordenación pública. Moisés quería que el pueblo fuese capaz de identificar al próximo líder. Si ellos veían a Moisés imponer sus manos sobre Josué, no habría duda alguna en sus mentes en cuanto a quién iba a sustituir a Moisés.

Muchas asambleas locales terminan en confusión después de que muere un fuerte líder, porque el pueblo no sabe quién es ordenado por el Señor para tomar las riendas del liderazgo. La iglesia normalmente termina buscando un nuevo pastor y con frecuencia vota a alguien para que ocupe ese oficio que no está ungido para ese puesto. El líder no transfirió la autoridad mediante la imposición de manos, y el pueblo sufre como resultado.

También se ordenó a Moisés que le diese a Josué un "cargo". Según la definición del diccionario Webster, un cargo significa "imponer una tarea o responsabilidad sobre" la persona que es la receptora de la imposición de manos y que ahora tiene una responsabilidad que cumplir. Pablo le dio un cargo a Timoteo (2 Timoteo 4:1-2). Un cargo es una solemne responsabilidad dada por el líder al receptor.

Honor

Finalmente, se dijo a Moisés que pusiese parte de su "honor" sobre Josué. La palabra *honor* es la palabra hebrea *howd*, que significa grandeza, belleza, gracia, excelencia y majestad. El honor es una parte de la exaltación. Cuando Moisés puso sus manos sobre Josué en presencia de la asamblea, le estaba transfiriendo honor para el liderazgo. *Así, la imposición de manos es una llave para el ascenso y la exaltación.*

> Y Josué hijo de Nun fue lleno del espíritu de sabiduría, porque Moisés había puesto sus manos sobre él; y los hijos de Israel le obedecieron, e hicieron como Jehová mandó a Moisés.
> —DEUTERONOMIO 34:9

Los líderes necesitan honor del Señor (y del pueblo) a fin de ser eficaces. Cuando usted reciba honor, será ascendido y exaltado a una posición de liderazgo.

Con frecuencia, las personas fallan como líderes porque no han recibido honor. El honor puede ser transferido mediante la imposición de manos.

Sabiduría

También hubo una impartición de sabiduría dada a Josué mediante la imposición de manos. *La sabiduría es también una llave para el ascenso y la exaltación.* La palabra *sabiduría* aquí viene de la raíz hebrea *chakam*, que significa ser sabio de mente, palabra u obra. Significa pensar sabiamente, hablar sabiamente, y actuar sabiamente. También significa ser capaz de enseñar sabiamente y tratar sabiamente. Todo líder necesita esta sabiduría chakam. Sin ella, no será usted capaz de guiar al pueblo de Dios.

Cuando Moisés impuso sus manos sobre él, Josué recibió el honor y la sabiduría que necesitaba para convertirse en el siguiente líder de Israel. Cuando el ascenso y la exaltación vienen del Señor, también le será impartida gracia para caminar en un llamado más elevado. No puede usted caminar en un llamado más elevado sin la capacidad que viene de la gracia. Se liberó gracia a Josué mediante la imposición de las manos de Moisés.

Las manos de un líder espiritual son canales mediante los cuales el poder de Dios para el ascenso y la exaltación fluyen. El honor y la sabiduría en la que ese líder camina pueden serle transferidas a usted. Cuando usted es fiel a un líder espiritual, como Josué lo fue a Moisés, puede esperar ser recompensado por el Señor con ascenso. El Señor asciende a aquellos que ascienden a sus líderes.

Liberación de bendición

Los líderes espirituales necesitan tener una revelación del tremendo poder que pueden liberar mediante la oración profética con imposición de manos. Dios ascenderá y bendecirá a aquellos sobre los cuales los líderes impongan manos. Los líderes necesitan tener un espíritu profético para discernir a los "Josué" que el Señor pone bajo su autoridad.

Con frecuencia, el Espíritu Santo me ha indicado que no imponga mis manos sobre algunas personas para liberar dones ministeriales e impartir sabiduría y gracia. ¿Por qué? Porque yo discerní que ellos no tenían el espíritu correcto. Tenemos una unción del Santo, y conocemos todas las cosas

(1 Juan 2:20). Todos los líderes necesitan seguir sus espíritus con la ayuda del Espíritu Santo. Deberíamos ascender y bendecir a las personas que Dios escoja.

Recuerde que el Señor siempre asciende a las personas basado en la fidelidad y en su propósito. Cuando una generación sirve al Señor y se va, otra debe tomar su lugar. La imposición de manos es una pauta importante que nos ayudará en esta *transferencia de autoridad*. Hay vacantes en el Espíritu porque no hay nadie que llene el espacio vacío.

El Reino sufrirá si no hay personas Josué para llenar el hueco de Moisés. El diablo no quiere ver que asciendan los Josué; no quiere ver que se liberen honor y sabiduría a la siguiente generación para que haya ascenso y exaltación; no quiere que la Iglesia entienda y ande en el poder que se libera *mediante el sencillo acto de la imposición de manos*.

Sin embargo, el Señor le ha dado a la Iglesia conocimiento y revelación de estas cosas, por su Espíritu, mediante la Palabra de Dios. No sólo estamos imponiendo manos vacías sobre cabezas vacías; estamos aprendiendo cómo fluir en los métodos de Dios y cómo liberar el poder de Dios en la tierra.

Estamos liberando a la siguiente generación de apóstoles, profetas, evangelistas, pastores y maestros. Cuando las iglesias locales reciban la revelación del poder de la imposición de manos y practiquen esta doctrina, veremos una mayor manifestación del poder de Dios mediante su pueblo. Veremos líderes más fuertes e iglesias más fuertes.

El poder de la bendición

Veamos lo que sucede cuando se libera una bendición:

Y los tomó José a ambos, Efraín a su derecha, a la izquierda de Israel, y Manasés a su izquierda, a la derecha de Israel; y los acercó a él.

Entonces Israel extendió su mano derecha, y la puso sobre la cabeza de Efraín, que era el menor, y su mano izquierda sobre la cabeza de Manasés, colocando así sus manos adrede, aunque Manasés era el primogénito.

—Génesis 48:13–14

Bendecir mediante la imposición de manos es una forma de ascenso y exaltación. Israel (Jacob) bendijo a los dos hijos de José. *Bendecir* sencillamente significa alabar o hablar bien de. El Señor le dijo a Abraham: "Te bendeciré, y engrandeceré tu nombre" (ver Génesis 12:2). *La bendición es una llave para obtener un gran nombre.* Israel bendijo a sus nietos imponiendo sus manos sobre ellos y hablando proféticamente sobre sus vidas.

Sin embargo, guiado por el Señor, cambió el orden de nacimiento. Cruzó sus brazos para poner su mano derecha sobre la cabeza del menor (Efraín) y su mano izquierda sobre la cabeza del mayor (Manasés). La mano derecha era la mano de la mayor bendición.

Aunque cada hijo recibió una bendición porque Israel habló bien de ambos, Efraín recibió una bendición mayor, ya que Israel pronunció cosas mayores sobre su vida. La bendición mediante la imposición de manos, acompañada de la palabra profética, no depende del orden natural de nacimiento. El llamado de Dios está basado en la gracia. El Señor escoge a quien Él quiere.

La Escritura dice que Israel guió sus manos "adrede". El Señor lo guió en la forma en que imponer sus manos sobre los dos hijos, y lo mismo debería suceder con nosotros. La imposición de manos no es una práctica arbitraria; es algo que debería ser divinamente dirigido por el Señor. La exaltación, el ascenso y el futuro de sus descendientes dependían de esta bendición mediante la palabra profética y la imposición de manos.

Y dijo José a su padre: No así, padre mío, porque éste es el primogénito; pon tu mano derecha sobre su cabeza.

Mas su padre no quiso, y dijo: Lo sé, hijo mío, lo sé; también él vendrá a ser un pueblo, y será también engrandecido; pero su hermano menor será más grande que él, y su descendencia formará multitud de naciones.

—GÉNESIS 48:18–19

Hasta este grado, la bendición mayor llegaba mediante la mano derecha y la bendición menor mediante la izquierda. El poder de la bendición, mediante la imposición de las manos de Israel, afectaría a las futuras generaciones de los dos hijos de José. Además, ¡ese único acto afectaría a naciones enteras de personas! ¡Su destino y el destino de sus hijos pueden depender de la imposición de sus manos! Solamente esto debería hacer que nos acercásemos a este tema con reverencia y respeto. La imposición de manos —con revelación profética— es fundamental para los planes y los propósitos de Dios en la tierra.

Israel impuso sus manos sobre los dos hijos de José cuando

eran niños. Jesús también impuso sus manos sobre niños (Mateo 19:13-15). Hay un fuerte precedente en la Palabra para imponer manos a los niños para bendecirlos, ¡y se debe a que hay una capacidad en nuestras manos de afectar a generaciones futuras completas!

Tipos de ascenso

Hay tres tipos de ascenso: (1) autoascenso, (2) ascenso por parte de otras personas, y (3) ascenso por parte de Dios. El autoascenso y el ascenso por parte de otras personas pueden ser carnales y demoníacos. Sin embargo, hay un ascenso por parte de otras personas que puede ser de Dios; mediante la dirección del Señor, Moisés ascendió a Josué dándole honor. *Ascender*, según el diccionario Webster, significa "avanzar en situación, rango u honor; contribuir al crecimiento o la prosperidad de ". *Exaltar* significa "elevar en rango, poder o carácter; elevar mediante elogio o en estimación".

> Porque ni de oriente ni de occidente, ni del desierto viene el enaltecimiento. Mas Dios es el juez; a éste humilla, y a aquél enaltece.
>
> —Salmo 75:6–7

Tanto el ascenso como la exaltación vienen de Dios, pero con frecuencia son transmitidos mediante una persona. Cuando el Señor desee ascenderlo y exaltarlo a usted, con frecuencia enviará a una persona a su vida para que le *bendiga*. Yo deseo relacionarme con aquellos que puedan bendecirme. No busco ascenderme a mí mismo, sino permitir que el Señor me dirija a relaciones divinas. Hay personas que he de conocer y con quienes relacionarme, según el plan de Dios para mi vida, escogidas desde antes de la fundación del mundo.

El Señor desea ponerlo bajo un mentor que pueda imponer manos sobre usted y bendecirlo, y esa es una clave importante para el ascenso y la exaltación que vienen del Señor. Por eso encontrar al mentor correcto es tan importante. Al entender lo que la Biblia enseña sobre *la imposición de manos* tal como se relaciona con *el ascenso y la exaltación*, estará usted en posición de recibir las bendiciones que el Señor ha preparado para todos sus hijos.

Humildad

Desde luego, hay más cosas implicadas en ser honrado y exaltado que la imposición de manos. La humildad es también un requisito para el ascenso y la exaltación. La Palabra del Señor nos dice que "a la honra precede la humildad" (Proverbios 15:33), y la humildad llega antes de la exaltación. "Porque el que se enaltece será humillado, y el que se humilla será enaltecido" (Mateo 23:12).

Por eso yo creo que el Señor usa la imposición de manos como una forma de ascenso y de exaltación. Aunque el ascenso y la exaltación vienen del Señor, con frecuencia llegan mediante canales humanos.

El Señor hará que nos humillemos y nos *sometamos* a otro para recibir la impartición que necesitamos. Esta sumisión dará como resultado que nuestros mentores impongan sus manos sobre nosotros para impartir bendiciones espirituales.

Un espíritu orgulloso y rebelde evitará que se someta usted a otro para recibir cosas espirituales mediante la imposición de manos. Contrarreste los espíritus independientes y orientados a sí mismos de orgullo y rebelión con la verdadera humildad.

El Señor no ascenderá y exaltará a una persona aparte de la humildad. Él nos guiará a relaciones divinas para recibir la impartición que necesitamos. Josué se sometió a Moisés. Eliseo se sometió a Elías. Timoteo se sometió a Pablo. Todos ellos recibieron impartición debido a la sumisión. Yo he visto ministros que no estaban dispuestos a someterse a la autoridad espiritual adecuada y, como resultado, nunca recibieron los depósitos espirituales necesarios para llevar a cabo sus llamados.

Todos los dones y bendiciones espirituales vienen del cielo:

> Respondió Juan y dijo: No puede el hombre recibir nada, si no le fuere dado del cielo.
>
> —Juan 3:27

Las personas no pueden darle esas cosas, pues vienen directamente del trono de la gracia. Las personas son simplemente *canales* mediante los cuales la gracia de Dios puede venir.

Dios ha establecido una estructura de autoridad en el reino de Dios, y Él opera mediante esa autoridad y la honra. A la Iglesia se le han dado las llaves del Reino; tenemos poder de atar y de desatar. Y como el Señor ha dado autoridad a la Iglesia, Él liberará su poder y su bendición mediante la Iglesia.

Cuando usted se somete a la autoridad espiritual adecuada, el poder y la bendición de Dios pueden ser liberados por causa de usted mediante la imposición de manos. Cuando usted se rebela contra la autoridad que el Señor ha establecido en la iglesia, no recibirá toda la impartición espiritual que está a su disposición.

El Señor utilizará a los líderes espirituales de usted para bendecirle. Ellos son canales para el ascenso y la exaltación. Cuando usted se someta a sus líderes espirituales, ellos, a su vez, impondrán manos sobre usted para su ascenso y exaltación. Un líder puede poner sobre usted parte de su honor, al igual que Moisés hizo con Josué.

DONES Y EQUIPAMIENTO

El segundo propósito de la imposición de manos es para recibir *dones y equipamiento*, con el propósito de hacer las obras de Jesús:

> Entonces les imponían las manos, y recibían el Espíritu Santo.
>
> —HECHOS 8:17

> Y habiéndoles impuesto Pablo las manos, vino sobre ellos el Espíritu Santo; y hablaban en lenguas, y profetizaban.
>
> —HECHOS 19:6

El primer don que todo creyente necesita es el don del Espíritu Santo. Él le capacitará y le equipará para el servicio. Usted nunca será equipado para hacer las obras de Jesús sin recibir al Espíritu Santo. Son necesarios dones y equipamiento para un ministerio efectivo. El Señor nunca nos enviaría como ministros del Nuevo Testamento sin antes darnos dones y equiparnos.

Sería injusto para Él darnos responsabilidad sin darnos

también *capacidad divina*. Debemos tener la capacidad de llevar a cabo lo que se nos ha comisionado. La oración con imposición de manos es la forma principal para que los santos reciban estos dones y equipamiento. Por este medio, el poder de Dios es liberado, dando al receptor la gracia necesaria para cumplir el llamado de Dios.

En el siguiente versículo de la Escritura, observemos que los dones y el llamamiento van juntos:

> Porque irrevocables son los dones y el llamamiento
> de Dios.
>
> —Romanos 11:29

El Señor le dará dones para lo que Él le haya llamado a hacer. Todo creyente ha sido llamado a hacer las obras de Jesús (ver Juan 14:12). Esto incluye predicación, enseñanza, sanidad y liberación. Todos los creyentes necesitan el don del Espíritu Santo para cumplir ese llamado.

Lo primero que los apóstoles hacían después de que las personas creían era imponer manos sobre ellas para que recibieran el Espíritu Santo. El Espíritu de Dios honra la imposición de manos como un canal mediante el cual Él viene. Si el Espíritu Santo honra la imposición de manos, ¿cuánto más deberíamos nosotros como creyente honrar esta práctica?

Cuando los apóstoles imponían manos sobre los creyentes, el Espíritu Santo descendía sobre ellos. Nosotros, como creyentes, podemos caminar en el mismo *espíritu de fe* cuando imponemos manos sobre los creyentes. Podemos esperar que el Espíritu de Dios venga sobre ellos porque Él ha escogido honrar la imposición de manos.

Podemos esperar los mismos resultados porque estamos siguiendo el orden bíblico establecido por los apóstoles. La oración con imposición de manos es una doctrina fundamental sobre la que apoyarnos en fe para recibir resultados sobrenaturales. Tenemos la Palabra de Dios respaldándonos cuando imponemos manos sobre las personas para que reciban el Espíritu Santo. De esta forma, estamos dándoles dones y equipándolos para el servicio.

Un tremendo poder es liberado en la tierra como resultado de que creyentes normales y corrientes caminen en la plenitud de poder que llega mediante recibir el Espíritu Santo:

> Fue entonces Ananías y entró en la casa, y poniendo sobre él las manos, dijo: Hermano Saulo, el Señor Jesús, que se te apareció en el camino por donde venías, me ha enviado para que recibas la vista y seas lleno del Espíritu Santo.
>
> —HECHOS 9:17

Aquí vemos al Señor usando a un discípulo llamado Ananías para imponer manos sobre Saulo y que recibiera el Espíritu Santo. Saulo estaba recibiendo los dones y el equipamiento que necesitaba para comenzar su ministerio. Una vez más, vemos una ilustración del principio de que cuando el Señor desea liberar su poder en la tierra, con frecuencia lo hace mediante la imposición de manos. Al usar a Ananías para imponer manos sobre Saulo, el Señor liberó en la tierra uno de los dones ministeriales más fuertes que la Iglesia haya conocido jamás.

Aunque el llamado y el ministerio de Pablo eran únicos en cuanto a que él no recibió su revelación del evangelio por parte de un hombre, el Señor hizo que un discípulo normal y corriente impusiera sus manos sobre él en el comienzo de su ministerio. Aquel fue un mover soberano de Dios para reunir a Pablo y a Ananías.

Yo creo que el orgullo de Pablo recibió un golpe devastador en el camino de Damasco. También tuvo que someterse a Ananías en la cuestión de la imposición de manos y recibir una palabra de parte de Dios por medio de un extraño. La imposición de manos puede ser una experiencia humillante por parte del receptor.

A veces, las personas dirán: "Yo no necesito que nadie imponga manos sobre mí. Puedo recibir todo lo que necesito directamente de Dios". Aunque es cierto que usted puede recibir al Espíritu Santo sin la imposición de manos, el Señor con frecuencia hará que se someta usted a la imposición de manos a fin de recibir la bendición y el poder que necesitará para cumplir su destino. Cualquier orgullo espiritual que pueda usted tener será destruido, y usted estará mucho más abierto a recibir la gracia y los dones que Dios quería darle. Deberíamos dar la bienvenida a las personas que Dios envíe a nuestra vida con el propósito de impartirnos bendiciones mediante sus oraciones con imposición de manos.

Capítulo 12

IMPARTICIÓN MEDIANTE EL MINISTERIO PROFÉTICO

A FIN DE ENTENDER mejor el poder de Dios mediante la imposición de manos, debemos entender el tema de la impartición. La palabra *impartir* está tomada de la palabra griega *metadidomi*, que significa entregar o compartir. Cuando algo se imparte, ha sido transmitido de una persona a otra.

El apóstol Pablo tenía el deseo de impartir a los santos "algún don espiritual":

> Porque deseo veros, para comunicaros algún don espiritual, a fin de que seáis confirmados.
>
> —ROMANOS 1:11

En la traducción Weymouth de este pasaje, leemos*: "Porque deseo veros, para transmitiros alguna ayuda espiritual, a fin de que seáis fortalecidos".[1]

Por tanto, lo que Pablo estaba impartiendo había de ser de ayuda espiritual para los santos. Las imparticiones espirituales se nos dan para ayudarnos a cumplir la voluntad de Dios para nuestras vidas. Esto es parte del equipamiento; somos equipados para hacer la obra del ministerio mediante la impartición.

Confirmados y fortalecidos

El resultado de la impartición es la confirmación. En algunas traducciones, "a fin de que seáis confirmados" se traduce como "fortalecidos" o "a fin de daros nueva fuerza". Así, el creyente es equipado con *nueva fuerza* como resultado de la impartición.

Un canal importante mediante el cual se imparte este equipamiento de nueva fuerza es la imposición de manos. Sabemos que Timoteo recibió un don espiritual mediante la imposición de las manos de Pablo. Esto es impartición de un don ministerial a otro. Timoteo fue fortalecido y equipado para su ministerio como resultado de la impartición.

La impartición también puede llegar mediante la asociación; de este modo, habrá una transferencia de unción desde o hacia las personas con las que usted se asocie. Con o sin una imposición de manos podemos recibir mediante la impartición de los ministerios a los cuales nos sometemos o nos asociamos.

---

* Traducción literal del versículo en inglés (N. T.).

Yo creo que hay relaciones divinas ordenadas por el Señor desde antes de la fundación del mundo. Hay ciertas personas que Dios ha predestinado para que usted se vincule con ellas en el Espíritu, las cuales tendrán los depósitos espirituales que usted necesita. Puede recibir una medida extra de esos depósitos mediante la imposición de manos.

Es la voluntad de Dios que la Iglesia opere en todos los dones y la unción que necesita mientras esperamos el regreso de nuestro Señor. No es la voluntad de Dios para nosotros que carezcamos de ningún don necesario.

Pablo escribió a la iglesia local en Corinto:

> Gracias doy a mi Dios siempre por vosotros, por la gracia de Dios que os fue dada en Cristo Jesús; porque en todas las cosas fuisteis enriquecidos en él, en toda palabra y en toda ciencia; así como el testimonio acerca de Cristo ha sido confirmado en vosotros, de tal manera que nada os falta en ningún don, esperando la manifestación de nuestro Señor Jesucristo; el cual también os confirmará hasta el fin, para que seáis irreprensibles en el día de nuestro Señor Jesucristo.
>
> —1 Corintios 1:4–8

Dios nos ha dado los medios para obtener todo lo que necesitamos. Él está preparado y dispuesto a darnos dones y equiparnos con toda la gracia espiritual que necesitamos para completar nuestra comisión: *predicar el evangelio a todas las naciones y hacer discípulos de todos los hombres* (Mateo 28:19).

Si carecemos de poder espiritual, no es culpa del Señor,

pues Él ha provisto todo lo que necesitamos, si es que lo aprovechamos. Por eso es tan importante entender la enseñanza y sabiduría con respecto a la imposición de manos. La imposición de manos es un canal principal mediante el cual podemos recibir los dones espirituales que necesitamos a medida que trabajamos y esperamos el regreso del Señor.

Fuerte, no débil

Realmente no hay excusa para tanta debilidad en el Cuerpo de Cristo. Yo estoy muy cansado de cristianos débiles e iglesias débiles. Una iglesia débil y espiritualmente anémica es el resultado de una falta de dones espirituales. Hay demasiadas iglesias que son deficientes en dones espirituales porque no saben cómo liberar el poder de Dios mediante la imposición de manos. Cuando es usted deficiente en dones espirituales, no será el ministro capaz del Nuevo Testamento del que habla la Palabra.

La Palabra nos dice que nos fortalezcamos en el Señor y en el poder de su fuerza. Hemos de ser fortalecidos con poder por el Espíritu del Señor en el hombre interior. Se necesita fortaleza espiritual para echar fuera demonios, sanar enfermos, resucitar muertos y alcanzar a los perdidos. Sin los dones y el equipamiento que llegan mediante la impartición, la iglesia se vuelve tradicional y ceremonial. Muchas tienen apariencia de piedad pero niegan la eficacia de ella. ¡El reino de Dios no consiste en palabras sino en poder! Hay demasiada predicación de la letra de la ley sin el poder y la demostración del Espíritu Santo.

Si se asocia usted con fortaleza, se volverá fuerte; se volverá como las personas con las cuales se asocie. No se permita ser debilitado por vincularse con el tipo de creyente incorrecto. Es importante asociarse con ministerios fuertes y recibir impartición mediante la imposición de manos. Usted necesita asociarse con iglesias fuertes y ministerios fuertes; si se asocia con debilidad, se volverá usted débil.

Debe encontrar su propia compañía y comunión allí; debe encontrar una iglesia del Nuevo Testamento que crea y practique la doctrina de la imposición de manos. Usted necesita apóstoles y profetas fuertes que impongan manos sobre usted e impartan dones y fortaleza espiritual. Entonces podrá levantarse y ser el creyente fuerte que el Señor espera que usted sea.

Impartición de dones espirituales

Además de los dones y el equipamiento que cada creyente necesita para hacer las obras de Jesús, hay unos dones especiales necesarios para el ministerio quíntuple. No todos son llamados al ministerio de apóstol, profeta, evangelista, pastor o maestro. Hay dones y equipamiento que llegarán en el momento de la separación para un ministerio concreto, y esos dones y equipamiento pueden recibirse mediante el presbiterio profético:

> No descuides el don que hay en ti, que te fue dado mediante profecía con la imposición de las manos del presbiterio.
>
> —1 Timoteo 4:14

El *presbiterio* es el grupo de ancianos que gobiernan en una iglesia local o grupo de iglesias locales. Los ancianos necesitan fluir en profecía junto con la imposición de manos.

Esta es una de las formas en que Timoteo recibió dones y equipamiento para su llamado al ministerio. Hay un patrón bíblico para la ordenación (ver el capítulo siguiente para una discusión mucho más completa del presbiterio profético).

En el momento de la ordenación, quienes están siendo ordenados necesitan que se declaren palabras proféticas sobre ellos, con imposición de manos para la impartición de dones espirituales. Cada ministerio tiene un destino profético que necesita ser revelado y activado mediante el *presbiterio profético*. La imposición de manos imparte los dones espirituales necesarios para cumplir el llamado. Como resultado, la persona o grupo reciben la palabra del Señor con respecto a su vida y ministerio más el poder y la capacidad necesarios para cumplirlo. Eso sucede mediante la imposición de manos.

Cuando los ministros no reciben este tipo de ministerio, con frecuencia carecen de la dirección profética y la capacidad espiritual necesarias para cumplir su llamado. La imposición de manos se ha convertido en algo ceremonial y tradicional en algunas iglesias, careciendo del poder que tenía en la Iglesia primitiva para dar dones y equipar a ministros. El Señor desea restaurar a la Iglesia el presbiterio profético, con la imposición de manos, en su plenitud. Cuando usted reciba dones y equipamiento, se convertirá en un ministro capacitado del Nuevo Testamento.

Patrón divino

Si deseamos tener resultados bíblicos, debemos comenzar a hacer las cosas a la manera bíblica. La Iglesia primitiva nos dejó un patrón divino a seguir. Si seguimos ese patrón, comenzaremos a ver resultados sobrenaturales:

> Por lo cual te aconsejo que avives el fuego del don
> de Dios que está en ti por la imposición de mis
> manos.
>
> —2 Timoteo 1:6

Pablo le recuerda a Timoteo que avive el don que recibió mediante la imposición de manos. Una traducción dice: "que avives la llama de esa gracia especial". Podemos referirnos al don de Dios como una gracia especial. Estos son dones y equipamiento distintos al don del Espíritu Santo, el cual está a disposición de todos los creyentes y se conoce como "gracia común". La gracia especial es necesaria para cumplir un llamado especial al ministerio.

Pablo advirtió a Timoteo que no descuidase el don sino que, en cambio, lo avivara. Los dones de Dios deben ser continuamente avivados por la fe. Una persona puede recibir dones mediante la imposición de manos y no operar en ellos debido al descuido espiritual. El receptor de la gracia especial mediante la imposición de manos tiene una responsabilidad que viene junto con el don. Esto está en consonancia con el cargo que con frecuencia se da cuando se imponen manos sobre un individuo para ordenarlo para el servicio que Dios ha indicado.

El cargo es una responsabilidad solemne que el receptor debe cumplir A quien mucho se le da, mucho se le pide (Lucas 12:48). No esté demasiado ansioso por recibir impartición mediante la imposición de manos a menos que esté usted comprometido a utilizar lo que reciba.

Los dones recibidos de esta forma son lo que yo denomino depósitos espirituales. El Señor desea hacer depósitos espirituales en cada uno de nosotros; Él quiere que utilicemos esos depósitos para ser una bendición a otros. En esencia, el Señor espera beneficios de sus depósitos; al igual que nosotros esperamos intereses de los depósitos en el banco, el Señor espera intereses de los dones que Él deposita en nosotros.

El Señor nos equipa con dones, y Él espera que hagamos algo con lo que Él nos ha dado. Él nos ha equipado para hacer las obras de Jesús; Él espera que apóstoles, profetas, evangelistas, pastores y maestros se tomen en serio su responsabilidad de perfeccionar a los santos y edificar el Cuerpo de Cristo.

Cada creyente necesita hacerse esta pregunta: "¿Estoy yo equipado para hacer lo que el Señor me ha llamado a hacer?". Si usted no lo está, ¿cómo puede entonces llevar a cabo su llamado?

¿Es la imposición de manos para dar dones y equipamiento lo bastante fuerte en nuestras asambleas locales? ¿Hay suficiente enseñanza sobre este tema para que los santos operen eficazmente en el ministerio? Si no, ¿cómo podemos llegar a estar mejor equipados para hacer lo que el Señor nos ha llamado a hacer?

Cada iglesia local debería imponer manos sobre las personas para que reciban el Espíritu Santo. Cada creyente necesita ser bautizado con el Espíritu Santo; todos los creyentes necesitan ser equipados para hacer las obras de Jesús; cada iglesia local debería tener ancianos que fluyan fuertemente en la imposición de manos. Sin estos medios para equipar y fortalecer, la iglesia local no puede ni siquiera lograr el mínimo de aquello para lo cual Dios la estableció. Los santos necesitan la fortaleza espiritual que se libera mediante la imposición de manos.

Estas cosas se harán más fuertes en nuestras asambleas si enseñamos su importancia y hacemos énfasis en ello. Las cosas de Dios operan y se reciben por fe. La fe viene por el oír la Palabra de Dios. Cuando enseñemos la Palabra de Dios en esta área, el liderazgo será capaz de liberar dones, y los santos podrán recibir dones mediante la imposición de manos.

Una vez que esta verdad sea enseñada, recibida y practicada, los santos tendrán dones y estarán equipados. Los dones y el equipamiento no "sucederán", sino que debemos enseñar y practicar la imposición de manos, y eso cambiará a una iglesia local. Nuestras iglesias estarán llenas de los dones del Espíritu, y veremos unciones más fuertes salir en nuestras iglesias.

No se retraiga en cuanto a enseñar y practicar la imposición de manos. La oración profética con imposición de manos es fundamental para equipar a los santos para hacer la voluntad de Dios. Cuando imponga usted manos sobre personas, hágalo en fe; espere que el Señor se mueva mediante la imposición de manos.

Separar y liberar

En el capítulo anterior aprendió usted que el primer propósito de la imposición de manos es el ascenso y la exaltación, lo cual incluye la impartición de sabiduría y honor. La imposición de manos imparte bendición a la persona por la cual se ora. La imposición de manos, junto con declaraciones proféticas en oración, libera dones y equipa a las personas para llevar a cabo sus llamados.

Un tercer propósito de la imposición de manos es *separar y liberar* dones ministeriales en la tierra. Bernabé y Pablo fueron separados y liberados a sus ministerios apostólicos mediante la imposición de manos:

> Ministrando éstos al Señor, y ayunando, dijo el Espíritu Santo: Apartadme a Bernabé y a Saulo para la obra a que los he llamado.
>
> Entonces, habiendo ayunado y orado, les impusieron las manos y los despidieron.
>
> Ellos, entonces, enviados por el Espíritu Santo…
>
> —Hechos 13:2–4

En este caso, fue acompañado de oración y ayuno. Una vez más vemos el principio de que cuando el Señor desea liberar su poder a la tierra, Él con frecuencia lo hace mediante la imposición de manos.

Hay varios puntos que quiero subrayar en estos versículos. El primero es que el Espíritu Santo dijo que ellos debían "separar" a Bernabé y a Saulo. Bernabé y Saulo habían de ser *separados* para el ministerio a los que anteriormente habían sido llamados. El Espíritu Santo ya los había llamado a ser apóstoles, pero aún no habían sido separados para ese llamado. Hay un periodo de tiempo entre el llamado y la separación llamado preparación. Ese periodo de tiempo ya había finalizado para ellos; la imposición de manos fue para su separación a su ministerio.

Hay un tiempo para el llamado, un tiempo para la preparación, y un tiempo para la separación. El *llamado* es soberano, y viene del Espíritu Santo. La preparación para el llamado depende de la disposición del individuo para orar, estudiar y desarrollar el carácter de Cristo. Hay diferentes periodos de preparación para diferentes personas, y para algunas es más largo que para otras. Se requiere paciencia hasta que llegue el tiempo de separación para el ministerio. El Espíritu Santo conoce el tiempo de separación. Solamente porque una persona tenga un llamado no significa que él o ella estén preparados para operar en esa capacidad. El llamado es sólo el principio, seguido de preparación y después separación.

Los dones y el equipamiento para el ministerio también pueden llegar en el momento de la separación para el ministerio. En otras palabras, puede usted recibir la gracia que necesita para llevar a cabo su llamado, en el momento de la separación, mediante la imposición de manos.

Las personas con frecuencia entran al ministerio *prematuramente*, sin el equipamiento necesario y la separación que se realizan mediante la imposición de manos. Esta es una razón por la cual tantos dones ministeriales son débiles e ineficaces; no se debe a que no hayan sido llamados, sino a que no han sido adecuadamente equipados y separados. *La separación ha de hacerse en el momento espiritual adecuado.* No debería hacerse prematuramente, sino más bien debería hacerse siempre según la guía del Espíritu Santo.

Observemos también que los apóstoles no dejaron la iglesia en Antioquía sin antes haber recibido la bendición de los líderes de la iglesia. El Espíritu Santo honra la sumisión al presbiterio que llega mediante la imposición de manos. Después de que Pablo y Bernabé fuesen liberados para ministrar, siguieron siendo responsables ante los líderes de la iglesia en Antioquía. Ellos rendían cuentas a esa iglesia después de sus viajes misioneros; estaban sometidos y eran responsables ante quienes habían impuesto manos sobre ellos.

Bernabé y Pablo tenían que ser separados de la iglesia local para viajar como apóstoles; tenían que ser liberados por la iglesia. Ellos no fueron *enviados* por el Espíritu Santo hasta haber sido *despedidos* mediante la imposición de manos del presbiterio. Aunque el Espíritu Santo es divino, él trabaja mediante seres humanos. Esta es una de las formas en que el Espíritu Santo separa y libera dones ministeriales a la tierra.

Vemos aquí la autoridad que el Señor da a la iglesia local. El Señor honra y reconoce esta autoridad porque viene de Él. Esa autoridad para separar y liberar dones ministeriales se libera mediante la imposición de manos.

Basados en este patrón bíblico que vemos en la iglesia en Antioquía, hay varias preguntas que hacerse si se siente usted llamado al ministerio:

1. En primer lugar, ¿tiene usted la preparación necesaria (formación, estudio, sabiduría, carácter) para ser separado para el llamado?

2. ¿Tiene los dones y el equipamiento necesarios para llevar a cabo el llamado? (Esto con frecuencia llegará en el momento de la separación).

3. ¿Es el momento correcto para la separación para ese llamado?

Recuerde que el llamado es soberano y viene de Dios por medio del Espíritu Santo, pero la preparación depende de la respuesta que dé usted al llamado. Usted tiene un papel en la preparación al estudiar, orar y desarrollar el carácter de Cristo, y eso tomará diferentes cantidades de tiempo para distintas personas.

Los dones, el equipamiento y la separación pueden realizarse mediante la imposición de manos después de que el llamado y la preparación hayan sido establecidos, pero la separación depende del momento que el Espíritu Santo guíe. A su vez, los dones, el equipamiento y la separación girarán en torno a lo bien desarrollada que esté la iglesia en el área del presbiterio profético. El Cuerpo de Cristo en general necesita más profetas maduros a fin de que este proceso pueda funcionar de acuerdo al patrón bíblico.

LIBERAR AYUDA

Los diáconos fueron liberados para servir mediante la imposición de manos por los apóstoles:

> ... a los cuales presentaron ante los apóstoles, quienes, orando, les impusieron las manos.
>
> —HECHOS 6:6

El resultado fue que "crecía la palabra del Señor, y el número de los discípulos se multiplicaba grandemente en Jerusalén" (v. 7). Fueron establecidos diáconos en la iglesia, dejando libres así a los apóstoles para entregarse a la oración y al ministerio de la Palabra. Por tanto, la imposición de manos es un canal para liberar el ministerio de ayuda en la iglesia.

En este caso, el Espíritu Santo no los separó; la iglesia separó a los siete hombres que estaban llenos del Espíritu Santo y de sabiduría, y la iglesia los presentó antes los apóstoles. Los apóstoles dieron su aprobación a la selección mediante la imposición de manos.

Más adelante, el apóstol Pablo dio una lista de requisitos para los diáconos (ver 1 Timoteo 3:10). Él escribió que ellos primero deben ser sometidos a prueba antes de la imposición de manos para establecerlos en la iglesia, liberándolos para servir. Al igual que los ministros necesitan ser liberados para ministrar en su llamado, los diáconos también necesitan ser liberados para servir mediante la imposición de manos.

Como ya he indicado, la razón de que muchas iglesias no tengan la capacidad de dar dones, equipar y separar a personas adecuadamente para sus llamados es que no tienen presbiterio profético. Los ancianos (presbiterio) de la iglesia local deben ser capaces de fluir proféticamente y estar establecidos en un entendimiento fundamental de la imposición de manos a fin de liberar personas a cada llamado necesario para que la iglesia tenga una vida sana y fuerte.

Después de que las personas hayan sido dotadas, equipadas y separadas mediante la imposición de manos, pueden ser enviadas. Profecía, oración y ayuno debieran acompañar a la imposición de manos para liberar toda la gracia y el poder necesarios para un ministerio eficaz.

Mecanismo de equilibrio

El siguiente es un consejo de Pablo a Timoteo:

No impongas con ligereza las manos a ninguno.
—1 Timoteo 5:22

Yo creo que este versículo se aplica a la ordenación en concreto, pero también es un principio general que la Iglesia ha de seguir. La expresión *con ligereza* tiene que ver con el momento espiritual. No deberíamos proceder apresuradamente, sino más bien deberíamos ser guiados por el Espíritu Santo en cuanto a cuál es el momento adecuado para imponer manos sobre las personas para ordenarlas y separarlas.

El Espíritu Santo conoce el llamado, el carácter y la preparación de cada creyente, y también conoce cuál es el momento adecuado para decirnos cuándo imponer manos sobre las personas para equiparlas, darles dones y separarlas. Imponer manos prematuramente puede ser dañino para el creyente y también para la iglesia. No me es posible subrayar exageradamente la importancia de ser sensibles al Espíritu Santo en el área de la imposición de manos.

En sentido general, esto es también una advertencia para la iglesia con respecto a la imposición de manos sin usar antes discernimiento. Esto es especialmente cierto debido a la posibilidad de transferencia de espíritus; y existe algo como una transferencia peligrosa de espíritus. Al igual que Josué recibió un espíritu de sabiduría de Moisés mediante la imposición de manos, una persona puede también recibir el espíritu incorrecto de un ministro con una mala actitud que imponga sus manos sobre él o ella. Pablo advirtió a los corintios sobre recibir "otro" espíritu (2 Corintios 11:4). En el Antiguo Testamento, los pecados del pueblo eran simbólicamente transferidos al chivo expiatorio mediante la imposición de manos (Levíticos 16:21). El Señor no quiere que sea usted un chivo expiatorio de otra persona.

Hay dos extremos a evitar como creyente: en primer

lugar, tener tanto temor a una transferencia maligna hasta convertirse en paranoico con cualquiera que imponga manos sobre usted, o cuando usted impone sus manos a otra persona. En segundo lugar, permitir que todos impongan manos sobre usted, o imponer usted sus manos sobre todo el mundo. "No impongas con ligereza las manos a ninguno" nos da un equilibrio. No nos dice que no impongamos manos sobre las personas, sino que no lo hagamos de modo *apresurado*.

Simplemente no se apresure a imponer manos sobre personas o a permitir que personas le impongan manos a usted. Permítase ser guiado por el Espíritu Santo. No camine en temor, sino camine en fe; y manténgase cubierto por la sangre de Jesús. La imposición de manos es algo poderoso; no haga un mal uso de ello.

SANIDAD Y LIBERACIÓN

> Al ponerse el sol, todos los que tenían enfermos de diversas enfermedades los traían a él; y él, poniendo las manos sobre cada uno de ellos, los sanaba.
>
> También salían demonios de muchos, dando voces y diciendo: Tú eres el Hijo de Dios. Pero él los reprendía y no les dejaba hablar, porque sabían que él era el Cristo.
>
> —LUCAS 4:40–41

El cuarto propósito de la imposición de manos es para *sanidad y liberación*. En el pasaje anterior, observemos la respuesta de los demonios a la imposición de manos. Cuando la unción fluye a través de las manos a los cuerpos de quienes están oprimidos por el diablo, les sana; también agita a los demonios y los expulsa.

Dios ungió a Jesús de Nazaret con el Espíritu Santo y poder para sanar a quienes estaban oprimidos por el diablo (Hechos 10:38). La enfermedad es una opresión del diablo. No es extraño que los demonios reaccionaran cuando Jesús ministraba mediante la imposición de sus manos. Los demonios aborrecen la imposición de manos; no quieren que usted imponga sus manos sobre personas enfermas y los expulse.

Algunos han recibido la enseñanza de no imponer nunca las manos sobre personas poseídas por demonios, pero esa no es la enseñanza de Jesús. Él imponía sus manos sobre personas que tenían demonios y los expulsaba. Yo no estoy defendiendo que los creyentes vayan buscando a todo el que esté poseído para imponer sus manos sobre él, pero sí estoy diciendo que no debería usted tener temor a imponer manos sobre las personas para expulsar demonios. Todas las liberaciones no requieren la imposición de manos, pero es una administración válida del ministerio de liberación.

Virtud

Si un creyente está lleno del poder del Espíritu Santo, él o ella están llenos de *virtud*. A veces la palabra *dunamis* se traduce como *poder*, y otras veces como *virtud*. Virtud y poder (*dunamis*) son lo mismo. Cuando la mujer que tenía flujo de sangre tocó el borde del manto de Jesús, Él percibió que virtud (*dunamis*) había salido de Él. La virtud sanadora puede fluir a los cuerpos de los enfermos mediante la imposición de manos.

Esta virtud puede utilizarse para sanar a los enfermos y

expulsar espíritus malos. Los creyentes llenos del Espíritu pueden imponer manos sobre los enfermos y esperar transferir virtud a sus cuerpos. Esta virtud expulsará la enfermedad, que es obra del diablo.

Jesús les dijo a los discípulos: "pero recibiréis poder [*dunamis*, virtud], cuando haya venido sobre vosotros el Espíritu Santo" (Hechos 1:8). Los creyentes llenos del Espíritu son reservas andantes de la unción sanadora. Usted lleva la virtud de Cristo. El Señor desea liberar su virtud en la tierra por medio de la imposición de las manos de usted. Es así como funcionaba para Pablo, aun en situaciones inusuales:

> Y aconteció que el padre de Publio estaba en cama,
> enfermo de fiebre y de disentería; y entró Pablo
> a verle, y después de haber orado, le impuso las
> manos, y le sanó.
>
> —Hechos 28:8

Pablo comenzó una reunión de sanidad en la isla de Malta (también llamada Melita) mediante la imposición de sus manos. "Hecho esto, también los otros que en la isla tenían enfermedades, venían, y eran sanados" (Hechos 28:9). Él estaba ilustrando la predicción en los Evangelios: "sobre los enfermos pondrán sus manos, y sanarán" (Marcos 16:18).

Había suficiente virtud sanadora en las manos de Pablo para sanar a todos los enfermos en aquella isla. No es de extrañar que el diablo lo aborreciera, y no es de extrañar que los demonios aborrezcan la doctrina de la imposición de manos y luchen contra ella. Ellos no quieren que los creyentes conozcan el poder y la virtud que son liberados mediante la imposición de manos; ellos quieren ocultarle esa verdad porque la imposición de manos es el *fundamento* de liberar el poder de Dios en la tierra.

Esta es una señal que debería seguir a todo creyente. Cada creyente debería ser capaz de imponer manos sobre los enfermos y esperar que se recuperen. Esto es distinto a que el presbiterio imponga manos para equipar mediante la impartición. Cada creyente no es una parte del presbiterio. El Espíritu Santo honra la imposición de manos del presbiterio cuando se trata de separar dones ministeriales, y no todos los creyentes pueden imponer manos sobre ministros para enviarlos del modo en que puede hacerlo el presbiterio. Pero todo creyente puede imponer manos sobre las personas para que reciban el Espíritu Santo para sanidad y liberación. Este es un honor que Dios ha dado a todos sus santos.

Es responsabilidad del ministerio quíntuple formar a los creyentes en estas áreas. El Señor quiere enviar a su pueblo en el área de la imposición de manos. Todos los creyentes deberían ser formados y enviados para imponer manos sobre las personas para sanidad, liberación, y el bautismo del Espíritu Santo.

Jesús liberó a la mujer de un espíritu de enfermedad mediante la imposición de manos:

> Enseñaba Jesús en una sinagoga en el día de reposo; y había allí una mujer que desde hacía dieciocho años tenía espíritu de enfermedad, y andaba encorvada, y en ninguna manera se podía enderezar. Cuando Jesús la vio, la llamó y le dijo: Mujer, eres libre de tu enfermedad.

> Y puso las manos sobre ella; y ella se enderezó
> luego, y glorificaba a Dios.
>
> —Lucas 13:10–13

Hubo una sanidad inmediata e instantánea. Así, nosotros tenemos la capacidad de liberar y de imponer las manos. Desatar a personas es una manifestación de liberación. A la Iglesia se le ha dado el poder de atar y desatar, y una de las formas en que podemos operar para desatar es mediante la imposición de manos.

En este caso en particular, la mujer recibió su sanidad mediante liberación. Hay algunas personas que no serán sanadas hasta que se echen fuera espíritus malos. Hay una delgada línea entre la sanidad y la liberación, y estos dos ministerios con frecuencia se solapan. La imposición de manos es eficaz en ambos casos. Cuando el espíritu malo ha sido expulsado, el daño hecho a esa parte del cuerpo puede entonces ser sanado. En muchos casos, también habrá que echar fuera espíritus de muerte y de destrucción, junto con un espíritu de enfermedad. También hay que renunciar a la falta de perdón y la amargura, en la mayoría de los casos, antes de que la sanidad y la liberación mediante la imposición de manos puedan ser efectivas.

Trabajar en unísono con la imposición de manos es un *mandamiento* para todo creyente. Los creyentes necesitan entender los temas de la autoridad y al poder además de la imposición de manos.

El entendimiento del poder de la imposición de manos cuando se conjuga con la profecía ayudará a los creyentes a desatar liberación, sanidad, ascenso y bendición. Con frecuencia imponemos manos sobre las personas cuando profetizamos. Yo he visto a personas ser sanadas y liberadas mediante la profecía y la imposición de manos, y yo personalmente he recibido una tremenda impartición mediante la profecía con imposición de manos.

No es necesario imponer manos cuando se profetiza, pero ambas cosas combinadas son formas poderosas de impartir y liberar bendiciones.

Capítulo 13

PRESBITERIO PROFÉTICO

EL APÓSTOL PABLO hace mención del presbiterio profético, que debe de haber sido una función estándar en la Iglesia primitiva. Hay una gran necesidad de que las iglesias locales tengan presbiterios proféticos que fortalezcan, envíen y ayuden a la iglesia a pasar a un nivel más elevado de avance y de ministerio. Yo me sorprendo por el número de iglesias que nunca han tenido un tiempo para el presbiterio profético, aunque esto se practicaba en la Iglesia primitiva y ha sido restaurado a la Iglesia moderna desde hace más de cincuenta años.

No descuides el don que hay en ti, que te fue dado mediante profecía con la imposición de las manos del presbiterio. Ocúpate en estas cosas; permanece en ellas, para que tu aprovechamiento sea manifiesto a todos.

—1 TIMOTEO 4:14–15

Las Iglesias deben tener una revelación del poder de los presbiterios proféticos y después apartar un tiempo para ellos periódicamente. El libro de David Blomgren, *Prophetic Gatherings in the Church* [Reuniones proféticas en la iglesia], es un clásico sobre el tema de los presbiterios proféticos. Desgraciadamente, ahora no se publica. Haré referencias a este libro en este capítulo.

¿QUÉ ES EL PRESBITERIO PROFÉTICO?

Un presbiterio profético está compuesto de presbíteros, o ancianos, de una iglesia local que también son apóstoles y profetas y que tienen residiendo en ellos el don de profecía. Cuando se mantiene un presbiterio profético, esos presbíteros (ancianos) imponen manos y profetizan a creyentes escogidos para declarar la voluntad de Dios sobre ellos, impartir dones, y enviarlos a sus ministerios. Los presbíteros no tienen por qué pertenecer a la iglesia local en la que se mantiene el presbiterio. En otras palabras, las iglesias locales pueden llamar a presbíteros de otras iglesias para dirigir el presbiterio.

Bill Hamon define *presbiterio profético* como un tiempo en que dos o más profetas o ministros proféticos imponen manos y profetizan sobre individuos en un momento y lugar específicos.[1] Los presbiterios proféticos son dirigidos por varias razones:

1. Para revelar el ministerio de un santo en el cuerpo de Cristo

2. Para ministrar una palabra profética *rhema* de Dios a individuos

191

3. Para impartición y activación de dones, gracias y llamados divinamente ordenados

4. Para revelación, aclaración y confirmación del ministerio de liderazgo en la iglesia local

5. Para imponer manos y profetizar sobre aquellos que han sido llamados y adecuadamente preparados para ser ministros ordenados que sirvan en uno de los cinco dones

Un presbiterio profético es distinto a recibir palabras proféticas de un equipo profético. Los presbiterios proféticos son gubernamentales porque están dirigidos por la autoridad (ancianos) de la iglesia. Los presbiterios han de comunicar palabras proféticas a la congregación que hayan reunido para orar por ella, pero los presbiterios proféticos tienen un aspecto más de "establecer y liberar" para aquellos que reciben el ministerio. Los candidatos a recibir ministerio son escogidos por el liderazgo de la iglesia. El presbiterio profético no es momento para que todos y cada uno reciban una palabra.

Equipo de presbiterio

El equipo de presbiterio puede consistir en dos o más presbíteros, aunque es ideal tener tres o cuatro presbíteros en el equipo. Cada presbítero toma tiempo para profetizar a los candidatos delante de toda la congregación. Cada presbítero tiene una parte de la palabra que se ha de dar; un sólo presbítero no tendrá la palabra del Señor completa. Los presbíteros deben trabajar juntos como equipo. No hay competición entre los presbíteros, en particular porque todos ellos deberían ser maduros (ancianos).

El presbiterio es dirigido por un presbítero veterano (normalmente un apóstol con la mayor experiencia y madurez entre los presbíteros). Los apóstoles podrán profetizar con autoridad y revelación desde su oficio apostólico, y también tienen una unción que establecer. Los profetas, sin embargo, son muy necesarios en un presbiterio, porque ellos dan detalles y claridad al pronunciar la palabra de Señor desde el oficio de profeta. Apóstoles y profetas constituyen un poderoso equipo en un presbiterio.

Los presbíteros que tienen un don de profecía residiendo en ellos pueden profetizar regularmente al pueblo de Dios. No tienen que esperar a que haya una unción especial para profetizar; ellos pueden profetizar debido al don de profecía que reside en ellos. El simple don de profecía es para edificación, exhortación y consolación, pero los apóstoles y profetas pueden ir más allá de esas cosas y hablar dirección, corrección y revelación. Pueden hacer eso debido a otros dones, como palabra de sabiduría, palabra de conocimiento, y fe, los cuales operan por medio de sus oficios. Por tanto, un presbiterio profético irá más allá de la edificación, la exhortación y la consolación; incluirá impartición, dirección, confirmación y revelación debido a la combinación del don de profecía que reside en los presbíteros y la fuerza y la unción de sus oficios.

La fuerza de un presbiterio profético en particular dependerá de los presbíteros y los candidatos. Cuanto más maduros sean los presbíteros y más dones tengan, y cuanto más cualificados estén los candidatos, más fuerte será el fluir profético. La fuerza del presbiterio, en parte creada mediante oración, ayuno y adoración, quedará determinada por la fe de la iglesia y la atmósfera espiritual.

Deberían esperarse fuertes palabras e imparticiones si un presbiterio es dirigido adecuadamente. Dios desea que las iglesias tengan fuertes reuniones proféticas, las cuales deberían ser tiempos de gran refrigerio y bendición para toda la iglesia. Aun quienes no reciban ministerio pueden regocijarse y ser bendecidos mientras observan y escuchan a la vez que otros en la congregación reciben mucho del Señor. Siempre sucede que cuando otros en la congregación son fortalecidos y enviados, la iglesia entera es bendecida.

¿Quién debería asistir?

Todo el liderazgo de la iglesia debería estar presente durante un presbiterio. Ellos necesitan oír las palabras proféticas pronunciadas sobre personas que están bajo su liderazgo. El liderazgo de una iglesia es responsable de supervisar a los miembros, y tiene la responsabilidad de ayudar a guiar a los candidatos después de que reciban ministerio profético. También debería alentarse a los miembros a asistir y brindar su apoyo. La unción colectiva ayuda a hacer posible que tenga lugar un fuerte presbiterio. Aquellos que no estén recibiendo ministerio no deberían quedarse sentados distraídamente como meros espectadores de lo que está sucediendo; deberían ayudar a crear una atmósfera, mediante su fe y su oración, que ayude a los presbíteros y a los candidatos a recibir toda la bendición del Señor.

Es sabio invitar a presbíteros que sean nuevos para la iglesia y no estén demasiado familiarizados con las personas que están recibiendo ministerio. También es bueno hacer regresar a un presbiterio, que haya funcionado como presbiterio anteriormente (si ese no es el primer presbiterio). Puede que haya líderes dentro de la iglesia local que puedan funcionar como presbiterio, pero es recomendable que el liderazgo lleve a presbíteros de fuera de esa iglesia local que no estén familiarizados con los candidatos.

Después de que cada presbítero haya profetizado (aunque no es necesario que todos los presbíteros profeticen sobre cada candidato), es momento de que el presbiterio imponga manos y ore por el candidato (o candidatos, si es una pareja). Ese es un momento de impartición y de transferencia de dones y unción. El candidato será alentado, confirmado, fortalecido y enviado a una esfera más amplia de ministerio como resultado del presbiterio profético. La iglesia también será bendecida al oír la palabra profética que se pronunció sobre los candidatos. Eso ayudará a la iglesia y al liderazgo a discernir los dones y el llamado de los candidatos. La iglesia será edificada porque personas clave (candidatos) habrán recibido presbiterio profético.

Candidatos

Los candidatos deberían ser miembros de la iglesia local y que hayan sido elegidos por su liderazgo. Deberían ser salvos y llenos del Espíritu, y deberían dar evidencias de madurez espiritual. Es recomendable que los candidatos hayan sido miembros de una iglesia local al menos durante un año para evitar que haya personas que se unan a una iglesia solamente para recibir este tipo de ministerio. El presbiterio profético no es un tiempo para arreglar problemas que los creyentes puedan tener; es injusto que los presbíteros elijan a personas que no estén cualificadas para recibir el tipo concreto de ministerio que ellos tienen que ofrecer.

Aunque todos los creyentes pueden recibir profecía y las iglesias en la actualidad están levantando equipos proféticos para hacer eso, el presbiterio profético es un tiempo durante el cual solamente unos cuantos escogidos reciben un profundo ministerio profético. Es recomendable que el número esté limitado entre tres y siete. Después de que los candidatos reciban presbiterio profético, puede darse tiempo para llamar a personas de entre la congregación y profetizarles. Esto es para alentar a los creyentes, pero no es la razón principal para la cual han llegado los presbíteros. La iglesia también puede recibir palabras colectivas durante un tiempo de presbiterio profético.

Los creyentes de una iglesia local pueden solicitar ser candidatos para el presbiterio profético; sin embargo, el liderazgo tiene la responsabilidad de elegir a los candidatos. Aquellos que sean escogidos deberían saberlo de antemano a fin de prepararse espiritualmente para el presbiterio profético. El ayuno por parte de los candidatos y de los presbíteros siempre mejorará la fuerza y la precisión de la palabra profética. La iglesia entera puede ser alentada a ayunar antes de que se lleve a cabo un presbiterio; eso creará una atmósfera para que el Espíritu Santo hable a la iglesia.

Después de haber dicho eso, también debería dejarse claro que las personas que no deseen presbiterio profético no deberían ser forzadas a recibirlo. Si un esposo o esposa desea convertirse en candidato para el presbiterio profético pero su cónyuge no quiere, eso no representa estar descalificado; sin embargo, si uno de los cónyuges no está tan cualificado como el otro y, aun así, los dos desean recibir ministerio, es aconsejable que ambos reciban ministerio como pareja (siempre que ambos sean salvos). Si un cónyuge no es salvo, el creyente puede recibir él solo ministerio del presbiterio.

Los candidatos deberían ser personas con respecto a las cuales el liderazgo de la iglesia sienta que están a punto de entrar en un nuevo nivel de ministerio. Pueden ser potenciales líderes o potenciales ministros de la iglesia. Las iglesias grandes tendrán abundancia de candidatos, los cuales deben ser escogidos con cuidado y en oración. Puede que algunas personas tengan tendencia a sentirse abrumadas, pero todos deben entender el marco de tiempo, y nadie debería ofenderse si no es escogido.

Localización y duración

El presbiterio debería tener lugar en la iglesia local; no debería realizarse en un grupo de célula ni en una reunión de hogar. La iglesia entera debería entender la importancia de este momento y participar, si es posible. Puede darse un breve mensaje delante de un presbiterio, y debiera haber adoración a intervalos para mantener fuerte el espíritu profético. Todas las profecías deberían grabarse y más adelante ser revisadas por el liderazgo. El candidato tiene la responsabilidad de prestar atención a la palabra hablada.

El presbiterio puede tener lugar durante varios días; se necesita tiempo para ministrar en presbiterio profético. Este no es un momento para llamar a profetas a que profeticen sobre todo lo que se mueve en su iglesia.

Una iglesia puede tener un presbiterio cada año o cada dos años, dependiendo de la necesidad. Los líderes deberían emplear tiempo enseñando y preparando a la iglesia si nunca han tenido un presbiterio. La iglesia necesita tener revelación y entender la importancia de tal tiempo.

Restauración del presbiterio profético

La práctica del ministerio de los presbiterios proféticos estuvo ausente de la Iglesia por muchas generaciones después de que la Iglesia primitiva fuese dispersada hasta el Movimiento de la Lluvia Tardía de los años cuarenta en Norteamérica. Muchas iglesias comenzaron a operar en presbiterios durante el Movimiento de la Lluvia Tardía. Sin embargo, después de un breve periodo, la práctica declinó de nuevo de manera importante. Una de las razones de ello es que los líderes del Movimiento de la Lluvia Tardía escribieron muy pocos libros.

Vivimos en tiempos de restauración. El presbiterio profético es una parte de la verdad de la restauración que las iglesias deberían recibir y operar en ella. Las iglesias de restauración están recuperando verdad, revelación y ministerio que han estado ausentes o han sido descuidados en la Iglesia durante generaciones. Con la verdad restaurada llega una mayor capacidad de avance y de liberación de ministerio.

El presbiterio profético es como una "tecnología espiritual" que el enemigo desea mantener lejos de la iglesia local porque puede ser muy eficaz para fortalecer a la iglesia. Yo tengo en mi corazón verlo restaurado plenamente. He visto de primera mano los beneficios del presbiterio profético en la iglesia Crusaders Church, de la cual soy el supervisor apostólico.

Beneficios de la profecía en un presbiterio

David Blomgren menciona nueve beneficios de la profecía en un presbiterio, tal como enunciamos:

1. Edificación (1 Corintios 14:3)

2. Exhortación (1 Corintios 14:3)

3. Consolación (1 Corintios 14:3)

4. Dirección (Hechos 13:1–2)

5. Concesión (1 Timoteo 4:14)

6. Confirmación (Hechos 15:32)

7. Corrección (1 Corintios 14:31; "aprender" significa aprendizaje correctivo)

8. Juicio (Oseas 6:5)

9. Equipar a los santos (Efesios 4:11–12)[2]

El presbiterio profético libera mucha gracia a los oyentes. La palabra profética puede edificarnos y darnos nuestra herencia.

> Y ahora, hermanos, os encomiendo a Dios, y a la palabra de su gracia, que tiene poder para sobreedificaros y daros herencia con todos los santificados.
> —Hechos 20:32

Los creyentes necesitan gracia a fin de servir a Dios. Los creyentes necesitan abundancia de gracia a fin de poder "reinar en vida" (Romanos 5:17). Una señal de abundancia de gracia es una abundancia de dones (1 Corintios 1:4-7), y tanto dones como gracia son impartidos durante un presbiterio profético.

La palabra profética es más que información. La palabra profética libera vida (aliento). Recordemos la experiencia del profeta Ezequiel:

> Y profeticé como me había mandado, y entró espíritu en ellos, y vivieron, y estuvieron sobre sus pies; un ejército grande en extremo.
>
> —Ezequiel 37:10

El presbiterio profético es un tiempo en el cual se sopla vida al receptor. Los dones y el destino del candidato son revelados y activados, y eso hace que los creyentes se levanten y estén en pie. Es una clave para levantar un fuerte ejército de creyentes.

Los líderes son cambiados cuando entran en contacto con la compañía de los profetas. Saúl fue enviado como el primer rey de Israel mediante la unción profética:

> Después de esto llegarás al collado de Dios donde está la guarnición de los filisteos; y cuando entres allá en la ciudad encontrarás una compañía de profetas… y ellos profetizando.
>
> Entonces el Espíritu de Jehová vendrá sobre ti con poder, y profetizarás con ellos, y serás mudado en otro hombre.
>
> —1 Samuel 10:5–6

El presbiterio profético es un tiempo para enviar a potenciales líderes a sus llamados y ministerios. La fuerza de un presbiterio profético es la unión de las unciones del equipo. Los miembros del equipo se fortalecen y se avivan los unos a los otros mientras ministran juntos.

El presbiterio profético es un tiempo para conocer la voluntad de Dios y ser consolado; es un tiempo para permitir hablar a los profetas. Los presbíteros ministran como equipo:

> Asimismo, los profetas hablen dos o tres, y los demás juzguen. Y si algo le fuere revelado a otro que estuviere sentado, calle el primero. Porque podéis profetizar todos uno por uno, para que todos aprendan, y todos sean exhortados.
> —1 CORINTIOS 14:29–31

Cuando uno ministra, otros pueden recibir revelación con respecto a los candidatos; de este modo, los candidatos se benefician del ministerio de varios profetas.

Como mencioné anteriormente, yo creo que el presbiterio profético es una tecnología espiritual de Dios que está pensada para ayudar a los líderes a edificar iglesias fuertes. Esta es una época de restauración. Las iglesias deben apropiarse de todos los beneficios que los dones de Dios proporcionan a la Iglesia.

Yo creo que, a medida que iglesias alrededor del mundo aprovechen el presbiterio profético, entrarán en fortaleza y poder apostólicos.

Capacitación mediante la imposición de manos

La palabra hebrea para "imponer" es *samach*, y la palabra para "imposición de manos" para una ordenación o un sacrificio es *semicha*. La palabra griega para imposición de manos es *epitithemi*. Esta palabra implica contacto, que es un canal para la transmisión. La profecía es un canal a través del cual se transfieren dones y gracia. La persona que recibe tiene la responsabilidad y la obligación de administrar los dones y la gracia recibidos. Timoteo recibió un don mediante la profecía con la imposición de manos del presbiterio.

> Este mandamiento, hijo Timoteo, te encargo, para que conforme a las profecías que se hicieron antes en cuanto a ti, milites por ellas la buena milicia.
> —1 Timoteo 1:18

Las profecías que Timoteo recibió le ayudaron a pelear la buena batalla. Pablo le recordó (encargó) según aquellas profecías. El presbiterio profético no debe ser tomado a la ligera por parte del receptor. A quien mucho se le da, mucho se le requiere. El receptor tiene la responsabilidad y la obligación de guerrear con la palabra profética. El candidato debería meditar en las palabras proféticas grabadas durante un presbiterio y utilizarlas como un arma contra el enemigo.

David Blomgren menciona trece beneficios de la imposición de manos y de la profecía por parte del presbiterio:

1. Una mayor comprensión de la responsabilidad de cada uno para funcionar en un ministerio

2. Una mayor apreciación de los varios ministerios en el cuerpo de Cristo y la necesidad de ellos

3. Un "establecimiento" de ministerios en la asamblea local

4. Encontrar el lugar propio en el cuerpo de Cristo

5. La confirmación de la voluntad de Dios para el candidato

6. El mayor desarrollo de ministerios dentro del cuerpo local

7. Ayuda especializada mediante revelación profética y vidas individuales

8. El fortalecimiento de la iglesia entera en un mejor entendimiento de los caminos de Dios a través de recibir ministerio profético

9. El ascenso del nivel spiritual de toda la iglesia a través de buscar al Señor en ayuno y oración

10. El recibimiento de dirección profética para toda la iglesia

11. Impartición de dones y bendiciones a los creyentes por la imposición de manos

12. Un mayor reconocimiento del orden de Dios en la autoridad del liderazgo local como supervisores de las vidas de las personas

13. Un depósito de fe en los corazones de la congregación para ver cumplidos los propósitos de Dios[3]

Las reuniones proféticas son tiempos en que destinos son revelados y liberados. La profecía siempre ha sido un vehículo mediante el cual el Señor ha dado dirección, bendición, activación e impartición a su pueblo. Podemos verlo cuando Jacob reunió a sus hijos. Jacob habló proféticamente a sus hijos y detalló sus destinos y su herencia:

> Y llamó Jacob a sus hijos, y dijo: Juntaos, y os declararé lo que os ha de acontecer en los días venideros. Juntaos y oíd, hijos de Jacob, y escuchad a vuestro padre Israel.
>
> —Génesis 49:1–2

Es importante que las iglesias y los creyentes aparten tiempos para reuniones proféticas, que pueden ser momentos de poder y liberación cuando van acompañados de oración y ayuno y de la imposición de manos, que es una de las principales doctrinas de la Iglesia (Hebreos 6:1-2).

A veces, la palabra profética pronunciada durante un tiempo de presbiterio no se cumplirá plenamente hasta años después. Con el presbiterio profético, los creyentes pueden prepararse para el futuro poniéndose en consonancia con la Palabra del Señor. La Palabra del Señor será probada, pero un creyente que camine en fe verá el resultado deseado.

Moisés profetizó a las tribus de Israel. La Palabra de Dios lo llama una bendición:

> Esta es la bendición con la cual bendijo Moisés varón de Dios a los hijos de Israel, antes que muriese.
>
> —Deuteronomio 33:1

El presbiterio profético es un tiempo de bendición. Bendición es la palabra hebrea *berakah*, que significa una bendición. Moisés era un profeta. Los profetas tienen la gracia, la autoridad y la capacidad de liberar tremendas bendiciones. Por eso los presbiterios debieran estar constituidos por profetas que tengan el oficio de profeta, contrariamente a personas con el don de profecía. Los profetas tienen mayor gracia y autoridad para liberar y bendecir a personas con respecto a sus destinos.

Los líderes deben entender que el propósito del ministerio quíntuple es perfeccionar a los santos. Esto incluye predicación, enseñanza, formación, activación, imposición de manos, y ministerio profético. Los creyentes no pueden avanzar por encima de su liderazgo, pero una falta de ministerio profético de calidad puede marcar la diferencia entre éxito y fracaso.

Las reuniones de presbiterio no son la única forma en que un creyente discierne y entiende la voluntad de Dios. Cada iglesia local es responsable del desarrollo y la liberación de sus miembros, pero cada creyente es responsable de orar, estudiar, y buscar la voluntad de Dios para sí mismo. El presbiterio profético no es para creyentes perezosos que desean un "atajo" para entender la voluntad de Dios. Sin embargo, es un tremendo beneficio para los creyentes. El presbiterio profético es un ministerio dado por la gracia de Dios para ayudarnos a caminar en la voluntad de Dios para nuestras vidas.

Capítulo 14

RECIBIR DE LA UNCIÓN

Y o ESTOY DESCUBRIENDO que Dios siempre está preparado. Sé que hay periodos y momentos, y diferentes movimientos de Dios, pero también sé que hay muchas personas que siempre han hablado antes de su tiempo. Un ejemplo de esto sería el obispo Mason, fundador de la Iglesia de Dios en Cristo.

El obispo Mason fluía en algunas cosas pesadas. Él estaba muchos años por delante de la Iglesia de Dios en Cristo. Él cantaba en lenguas, y cantaba en el Espíritu antes de que se produjeran milagros, mientras que la mayoría de la gente no había llegado más lejos de aplaudir y danzar. Smith Wigglesworth resucitó muertos. Aquellos hombres siempre parecían estar fuera de lugar; siempre entraban en el fluir de algo antes que los demás lo hicieran.

Es bueno que el mover de Dios entre en una ciudad. Es bueno tener el momento de Dios cuando el Espíritu de Dios dice que es momento de moverse y eso se aplica a todo el Cuerpo de Cristo.

Sin embargo, cuando uno progresa hasta el mover profético de Dios, cuando uno lo aviva, cuando uno fluye, Dios no le retendrá algo a usted solamente porque otros no estén preparados para aceptarlo.

La Biblia dice que si usted pide, se le dará; si busca, encontrará; si llama, las puertas se abrirán. Dios no le tendrá a usted pidiendo, buscando y llamando para decir: "Bueno, lo siento. No puedo abrir esa puerta ahora porque no es momento para eso".

Dios dirá: "Muy bien, lo quieres; te lo daré aunque no voy a liberar esto sobre todo el Cuerpo de Cristo hasta quizá dentro de veinte años". Dios hará descender esa unción sobre usted, y usted será una persona, o una iglesia, por delante de su tiempo. Después, años más tarde, todo el Cuerpo de Cristo entrará en ello; todos obtendrán la revelación. Ellos pueden esperar a que llegue ese momento si quieren, pero yo no voy a esperar, porque estoy convencido de que antes de que Jesucristo regrese, estaremos fluyendo en lo profético. Todo el Cuerpo de Cristo estará fluyendo en milagros y liberación porque Él regresará a buscar una Iglesia gloriosa. Va a ser necesario un mover de Dios, ¡pero Él puede hacerlo!

Si hay demanda de lo profético, si hay un hambre de milagros, yo voy a entrar en esa unción y fluir en ella ahora, aunque pueda no parecer el periodo adecuado para ello.

El Espíritu de Dios me ha dado la revelación de que usted puede fluir en cosas por delante de su tiempo. Cuando la madre de Jesús le dijo que no había más vino en la boda, Él proféticamente le dijo que su hora aún no había llegado

(Juan 2:4). En otras palabras: "No es el momento para esto". Sin embargo, Él hizo el milagro.

Siempre hay un grupo de personas que están por delante de su tiempo. Tomemos, por ejemplo, a los hermanos Wright. Ellos conducían aeroplanos por delante de su tiempo, y todos pensaban que estaban locos. Ahora nosotros volamos por todo el mundo. Las personas probablemente decían: "Están locos. Miren a esos pobres Wilbur y Orville". Eso es lo que la gente dirá cuando usted vaya por delante de su tiempo en el Espíritu.

El resto de las personas siempre alcanzan el mover de Dios después de que hayan pasado unos diez años. Por ejemplo, en la Iglesia, Dios ya movió a personas a estudiar la Palabra. Nosotros entramos en la enseñanza; éramos "iglesias de la Palabra". Pero sigue habiendo algunas iglesias que no están en la Palabra. Esa ola ha pasado por delante de ellos; ellos siguen estando en la playa con sus tablas de surf, buscando la ola.

Lo que estoy diciendo es que cuando la ola llega, ¡es mejor saltar y subirse a ella! Hágalo entonces; o hágalo antes. En cuanto a la cultura profética, avívela, aun cuando no haya nadie más que quiera hacerlo. Quizá pueda usted abrirla para el resto de su asamblea local.

TOCAR EL MANTO

Una forma muy importante de asegurarse de que es usted parte del fluir de Dios y no un perezoso espectador es ir donde está la unción. Al igual que la mujer que tenía flujo de sangre, toque el manto de alguien que tenga la unción que usted necesita:

Porque decía dentro de sí: Si tocare solamente su manto, seré salva.

—Mateo 9:21

La traducción Rotherham dice: "Si sólo tocase su manto".[1] El manto representa la *unción*. Como hemos observado anteriormente, Eliseo recibió la unción de Elías cuando Elías lo llamó echando su manto sobre él (1 Reyes 19:19) y también cuando Elías fue arrebatado por el carro celestial, dejando caer su manto para que Eliseo lo recogiese (2 Reyes 2:13). Eso representaba la unción que llegaba sobre él para estar en el oficio de profeta. Nosotros lo denominamos el *manto profético*.

Jesús caminó y ministró como un profeta de Dios. Ministró bajo un manto profético. Este manto también incluía sanidad y milagros. La mujer que tenía flujo de sangre avanzó entre la multitud para tocar su manto; ella estaba poniendo una demanda a su manto profético y, como resultado, recibió un milagro.

Se han dado diferentes mantos espirituales a diferentes personas. Cuando usted toca el manto de un oficio en particular, obtendrá virtud y poder de esa unción. No siempre tiene que tocar a una persona físicamente; puede obtener de esa persona *espiritualmente*, haya o no toque físico.

La fe es el canal mediante el cual obtiene usted la unción. Es la tubería.

Seguir rogando

Cuando le conocieron los hombres de aquel lugar, enviaron noticia por toda aquella tierra alrededor,

> y trajeron a él todos los enfermos; y le *rogaban* que
> les dejase tocar solamente el borde de su manto; y
> todos los que lo tocaron, quedaron sanos.
> —Mateo 14:35–36, énfasis añadido

Una traducción dice que ellos "siguieron rogándole". ¿Ha habido alguna vez alguien que siguiera suplicándole a usted? Demanda algo de usted. Así es como usted hace una demanda de unción.

Según el diccionario Webster, rogar significa suplicar urgentemente o ansiosamente, requerir sinceramente, implorar, hacer súplica. Significa buscar. Es poner a un lado el orgullo; uno admite que tiene una necesidad y busca a alguien que tenga la capacidad de ayudarle. A menos que usted reconozca la necesidad que tiene de la unción y su profunda dependencia de ella, nunca hará una demanda de ella.

> Y dondequiera que entraba, en aldeas, ciudades
> o campos, ponían en las calles a los que estaban
> enfermos, y le *rogaban* que les dejase tocar siquiera
> el borde de su manto; y todos los que le tocaban
> quedaban sanos.
> —Marcos 6:56, énfasis añadido

Dondequiera que Jesús iba, la gente hacía una demanda de la unción. Le buscaron para tocar sus vestidos; obtenían de Él sanidad y milagros. Podría usted decir: "Eso sucedía en cada ciudad porque era un mover soberano de Dios". Podría usted pensar que las personas no tenían nada que ver con ello; pero recuerde que no sucedió en su ciudad natal de Nazaret. Ellos no le buscaron a Él para tocarlo en Nazaret. Esos milagros no se produjeron en Nazaret porque las personas no hicieron demanda de la unción. En otras aldeas y ciudades sí lo hicieron, y ellos fueron sanados.

Jesús siempre respondía a las personas que le hacían una demanda por medio de su hambre por las cosas de Dios. Él nunca los despidió con las manos vacías. El principio espiritual que vemos aquí es lo que yo denomino la ley de provisión y demanda. Donde no hay demanda, no hay provisión. Los cristianos apáticos y pasivos no reciben mucho de los dones de Dios.

Crear una demanda

La gente acudía a oír a Jesús porque Él creaba una demanda liberando a las personas (ver, por ejemplo, Marcos 1:26-34). Cuando la gente oiga de milagros, se reunirá para oír la Palabra de Dios; llegarán con expectativa y fe, y recibirán de la unción del siervo de Dios.

No hay sustituto para los milagros. Ellos harán que se produzca hambre en los corazones de las personas. Los corazones hambrientos siempre se reunirán y demandarán de la unción. Los incrédulos no demandarán de la unción, pero los creyentes sí lo harán.

Si queremos personas hambrientas, debemos tener milagros. Algunas iglesias se preguntan por qué sus miembros no están interesados y son apáticos en cuanto a servir a Dios. La gente va arrastrando a los servicios; algunos pastores probarán todo tipo de programas para elevar la emoción de la gente, pero no hay sustituto alguno para hacerlo a la manera de Dios. Donde hay milagros, la gente ser reunirá gustosamente; su nivel de fe se elevará, y demandarán más de la unción.

> E inmediatamente se juntaron muchos, de manera
> que ya no cabían ni aun a la puerta; y les predicaba
> la palabra.
>
> —Marcos 2:2

Algunos solamente aparecen porque el pastor les dice que vayan o porque simplemente tienen el hábito de asistir a la iglesia. Entonces, milagros, profecías y sanidad no fluirán del siervo de Dios hasta el grado en que lo harán cuando hay demanda. Desde luego que un ministro puede avivar los dones de Dios y ministrar por fe; sin embargo, cuando la fe de las *personas* es grande, es mucho más fácil ministrar. Jesús, en su propia ciudad natal, no puedo hacer milagros debido a la incredulidad de ellos. La incredulidad siempre obstaculiza el fluir de la unción, pero la fe libera el fluir.

La fe demanda de la unción

La fe libera la unción. La incredulidad bloquea la unción. La mujer que tenía flujo de sangre hizo una demanda a la unción con su fe:

> Luego Jesús, conociendo en sí mismo el poder que
> había salido de él, volviéndose a la multitud, dijo:
> ¿Quién ha tocado mis vestidos?
>
> —Marcos 5:30

> Y él le dijo: Hija, tu fe te ha hecho salva; ve en paz,
> y queda sana de tu azote.
>
> —Marcos 5:34

La fe es como un vacío que atrae la unción. Jesús no sólo ministró con la unción, sino que también hacía saber a la gente que Él estaba ungido (Lucas 4:18). Cuando oían que Él estaba ungido, era responsabilidad de ellos creer y recibir de la unción de Él. La gente de Nazaret no creyó y no pudo recibir de su unción; Él no pudo hacer milagros en Nazaret debido a la incredulidad de ellos. Si ellos hubieran creído, podrían haber recibido de la unción de Él.

La fe viene por el oír (Romanos 10:17). Por eso necesitamos *oír* sobre la unción. Necesitamos enseñanza con respecto a la unción.

¿Qué es la unción?

La palabra unción está tomada de la palabra griega *charisma. Charisma* significa un ungüento o untar (representado por untar con aceite). También significa una dote por parte del Espíritu Santo. Una dote es un don del Espíritu Santo; es el poder o la capacidad de Dios. Hay diversidad de dones (dotaciones o facultades milagrosas).

> Pero vosotros tenéis la unción del Santo, y conocéis todas las cosas.
> —1 Juan 2:20

> Pero la unción que vosotros recibisteis de él permanece en vosotros.
> —1 Juan 2:27

Recibir de la unción es recibir del don o la capacidad de Dios. Usted puede recibir sanidad, liberación y milagros de esta manera. Apóstoles, profetas, evangelistas, pastores y maestros tienen una unción que Dios les ha dado; tienen dones o facultades milagrosas que les han sido dados por gracia. Esos dones son dados para beneficio de los santos. Nosotros debemos demandar de esos dones.

> Pero Jesús dijo: Alguien me ha tocado; porque yo
> he conocido que ha salido poder de mí.
> —Lucas 8:46

Jesús percibió que "virtud" había salido de Él. La mujer que tenía flujo de sangre obtuvo virtud de Él con su fe. Como mencioné en el capítulo 12, la palabra *virtud* es la palabra griega *dunamis*, que significa poder, capacidad, fuerza o fortaleza. Cuando usted demanda de la unción, obtiene el poder de Dios; se libera poder por usted. Así, la unción es la virtud o poder de Dios.

> Cuando oyó hablar de Jesús, vino por detrás entre
> la multitud, y tocó su manto.
> —Marcos 5:27

Aquella mujer había oído de Jesús; había oído de la unción sanadora que estaba sobre Él; había oído que un profeta de Dios estaba ministrando en Israel.

Cuando la gente oiga de la unción, su fe aumentará en esta área, y entonces tendrá el conocimiento y la fe para demandar de la unción. Necesitamos saber sobre la unción del apóstol, la unción del profeta, y la unción del maestro. Necesitamos saber sobre la unción sanadora y la unción de milagros; necesitamos saber sobre unciones especiales dadas por el Espíritu Santo.

Cuanto más oigan y se enseñe a las personas sobre la

unción, mayor será su capacidad de demandar de ella. Como pastor de una iglesia local, enseño a los miembros sobre diferentes dones y unciones, y esto edifica su fe en esta área. Cuando llegan ministros a ministrar a nuestra iglesia, hablo a la congregación sobre la unción que hay en la vida de esa persona. Entonces ellos tienen la responsabilidad de demandar y obtener de esa unción mediante su fe.

No podemos ser pasivos y esperar recibir de esos dones. Debemos ser activos con nuestra fe. Los santos pasivos y apáticos no reciben de la unción. Yo he ministrado en lugares donde tuve que pasar varias noches haciendo que la gente *activase* su fe; después ellos pudieron demandar de la unción que había en mi vida. Las personas deben tener hambre y sed de las cosas del Espíritu. Las almas hambrientas siempre recibirán de la unción.

> Y aconteció que el padre de Publio estaba en cama, enfermo de fiebre y de disentería; y entró Pablo a verle, y después de haber orado, le impuso las manos, y le sanó.
>
> Hecho esto, también los otros que en la isla tenían enfermedades, venían, y eran sanados; los cuales también nos honraron con muchas atenciones; y cuando zarpamos, nos cargaron de las cosas necesarias.
>
> —Hechos 28:8–10

Después de que el padre de Publio fuese sanado, toda la isla de Melita llegó a ser sanada. Ellos demandaron de la unción que había en la vida de Pablo. Observemos que ellos honraron a Pablo con muchos honores. Honrar al siervo de Dios es una clave para recibir de la unción en su vida. La Escritura declara que la gente llegó. Ellos llegaron con los enfermos, esperando ser sanados; ellos pusieron acción a su fe, y llegaron. Usted descubrirá que la mayoría de las personas que recibieron milagros de Jesús, o bien llegaron o fueron llevados a Él. Muchos le rogaban.

Muchas personas en este país se preguntan por qué suceden tantos milagros en países del extranjero. Muchos de quienes asisten a las cruzadas caminan kilómetros para llegar a una reunión, y algunos viajan durante días. Eso sí es demandar de la unción, y se producen sanidades y milagros como resultado. En los Estados Unidos, muchos creyentes no viajarán ni una distancia de dos bloques; y se preguntan por qué no reciben milagros.

> Y los que creían en el Señor aumentaban más, gran número así de hombres como de mujeres; tanto que sacaban los enfermos a las calles, y los ponían en camas y lechos, para que al pasar Pedro, a lo menos su sombra cayese sobre alguno de ellos.
> Y aun de las ciudades vecinas muchos venían a Jerusalén, trayendo enfermos y atormentados de espíritus inmundos; y todos eran sanados.
> —HECHOS 5:14–16

Aquí vemos a personas salir de las ciudades alrededor de Jerusalén. Donde haya demanda, hay provisión. Había suficiente unción para sanar *a todos*. Aquellas personas hicieron una demanda a la unción que fluía de los apóstoles. Cuando la gente llega a reuniones, a veces desde largas distancias, y hacen una demanda al don, recibirán milagros.

> Aconteció un día, que él estaba enseñando, y estaban sentados los fariseos y doctores de la ley, los cuales habían venido de todas las aldeas de Galilea, y de Judea y Jerusalén; y el *poder* del Señor estaba con él para sanar.
>
> —Lucas 5:17, énfasis añadido

La palabra *poder* aquí es también *dunamis* (una vez más, la misma palabra traducida como "virtud" en Lucas 8:46). La mujer que tenía flujo de sangre recibió virtud del cuerpo de Jesús con su fe. Por tanto, podemos decir que había virtud sanadora en la casa mientras Jesús enseñaba. Cuando la virtud sanadora (unción) está presente, podemos usar nuestra fe para demandar de esa unción, y entonces será liberada para sanidad.

> Y sucedió que unos hombres que traían en un lecho a un hombre que estaba paralítico, procuraban llevarle adentro y ponerle delante de él.
>
> Pero no hallando cómo hacerlo a causa de la multitud, subieron encima de la casa, y por el tejado le bajaron con el lecho, poniéndole en medio, delante de Jesús.
>
> Al ver él la fe de ellos, le dijo: Hombre, tus pecados te son perdonados.
>
> —Lucas 5:18–20

Ellos hicieron una demanda a la unción presente en aquella habitación mediante su fe; como resultado, virtud sanadora fue liberada y el hombre fue sanado de parálisis. Hay momentos en que la presencia del Señor es espesa como una nube en un servicio. Cuando la unción está presente hasta ese grado, lo único que necesitamos hacer es usar nuestra fe para demandar de ella. Sanidad y milagros llegan como resultado de hacer una demanda a la unción.

Hacemos una demanda a la unción con nuestra *fe*. El Señor nos ha dado el don de la fe para este propósito. El Señor desea que utilicemos nuestra fe para hacer una demanda (una retirada) a los dones de Dios. Muchos nunca utilizan su fe con este propósito.

Las congregaciones que están edificadas en fe tendrán una herramienta que poder usar para recibir de los dones de Dios. La fe es un canal mediante el cual fluye la unción. La fe es como un interruptor que abre el paso a la corriente eléctrica; es como el arranque de un vehículo, el cual prende la potencia que enciende el motor. La fe es como la chispa que enciende el poder explosivo de Dios; prende los dones de poder de fe, sanidad y milagros.

La fe prende los dones de revelación de palabra de sabiduría, palabra de conocimiento, y discernimiento de espíritus. Prende los dones de proclamación de lenguas, interpretación y profecía. La fe libera los dones ministeriales de apóstoles, profetas, evangelistas, pastores y maestros.

A fe viene por el oír. Cuanto más oigan las personas sobre los dones de Dios, más fe recibirán para recibir de ellos. Como pastor, yo enseño sobre diferentes operaciones y administraciones del Espíritu; envío a personas con diferentes unciones y administraciones a ministrar a la gente; enseño con respecto a esos dones y envío a esas personas a utilizar su fe para hacer una demanda a esos dones.

Es sorprendente lo profundamente que los ministros son

capaces de ministrar en la atmósfera que se crea por medio de la enseñanza y la liberación. Las personas utilizan su fe para sacar de ellas la unción, y el fluir se hace tan poderoso que tenemos que apaciguarlo a propósito hasta el servicio siguiente.

CÓMO HACER UNA DEMANDA A LA UNCIÓN

La mujer que tenía flujo de sangre hizo una demanda a la unción sanadora y recibió su milagro. Con demasiada frecuencia, el pueblo de Dios no recibe milagros y sanidad porque no hace una demanda a la unción. La unción que hay en los dones ministeriales es una provisión. Debemos aprender a hacer una demanda a esa provisión y recibir de ella.

Hay una provisión del Espíritu a disposición de cada creyente. Una provisión es un depósito o una reserva. Cuando yo miro a los dones ministeriales, veo a una persona que es una reserva viva. En esa reserva hay una provisión de unción, y es responsabilidad mía recibir de esa provisión. Los hombres y las mujeres de Dios tienen milagros, revelación y liberación para usted en esa reserva. Si usted hace una demanda de la unción que hay en esa reserva, fluirán milagros de ellos hacia usted; fluirán proclamaciones de ellos hacia usted.

Salía virtud de Jesús porque las personas demandaban de su unción:

> Y toda la gente procuraba tocarle, porque poder salía de él y sanaba a todos.
>
> —LUCAS 6:19

Provisión y demanda

El Señor habló a mi corazón del hecho de que siempre hay una provisión cuando hay una demanda. El problema de drogas en nuestras ciudades no existiría si no hubiera demanda de drogas; debido a que hay una demanda de drogas, hay una provisión. Lo mismo sucede con la unción. Si no hay demanda, no habrá provisión. Los santos hambrientos que hagan una demanda a los dones ministeriales siempre tendrán provisión de la unción. Yo he ministrado en iglesias en las cuales había tal hambre y sed de unción que ellos literalmente sacaron poder de mí. He ministrado en otros lugares en los cuales no había demanda y, como resultado, no sucedió nada. La gente sencillamente se quedaba sentada cómodamente esperando que algo sucediera, pero nada sucedió. No había hambre o expectativa de revelación, de proclamaciones o de milagros.

Aquellas personas estaban demandando de la unción, y la recibieron al buscar tocarlo a Él. Usted puede literalmente sacar la unción de los dones ministeriales mediante su fe. Si aquellas personas se hubieran quedado sentadas esperando que Jesús pusiera la unción sobre ellas, probablemente no habrían recibido nada. Muchas veces los creyentes se limitan a quedarse sentados esperando que el hombre o la mujer de Dios hagan algo, y mientras tanto Dios está esperando que *nosotros* hagamos algo. Él ha puesto la provisión en medio de nosotros, y nos corresponde a nosotros obtenerla.

Debido a que yo enseño a los miembros de nuestra asamblea local a recibir de los dones ministeriales que ministran en nuestros servicios, diciéndoles que hagan una demanda a la unción de los apóstoles, profetas, evangelistas, pastores y maestros, ellos reciben la unción. Yo les enseño que esos dones de Dios tienen provisión, y que es responsabilidad de ellos recibir de esa provisión.

Muchos ministros que han ministrado en nuestra iglesia local se quedan sorprendidos por el elevado nivel de unción en la que han sido capaces de fluir. Eso ha sucedido porque yo he enseñado a la congregación a obtener de ella. A los ministros les encanta ministrar en ese tipo de atmósfera; el fluir es mucho más fácil porque las personas están recibiendo *de* esa persona en lugar de bloquearla.

Cuando Jesús pasó al lado de los dos hombres ciegos, ellos tuvieron que hacer ruido y captar la atención de Jesús. También captaron la desaprobatoria atención de la multitud. ¿Pero quién obtuvo el milagro? No fueron quienes intentaron evitar que los hombres gritasen:

> Y dos ciegos que estaban sentados junto al camino, cuando oyeron que Jesús pasaba, clamaron, diciendo: ¡Señor, Hijo de David, ten misericordia de nosotros!
>
> Y la gente les reprendió para que callasen; pero ellos clamaban más, diciendo: ¡Señor, Hijo de David, ten misericordia de nosotros!
>
> —Mateo 20:30–31

Aquellos hombres hicieron una *demanda* a Jesús. Ellos clamaban aunque la multitud los reprendía, diciéndoles que estuvieran en silencio. Ellos tuvieron que atravesar la oposición de la multitud para recibir su milagro. Si se hubieran quedado en silencio, no habrían recibido un milagro; tuvieron que hacer una demanda a la unción. Jesús estaba pasando al lado de ellos. Si ellos no hacían una demanda a la unción de Él, Él habría pasado y los habría dejado atrás.

Es como retirar dinero del banco. Usted tiene que ir al cajero con un impreso y hacer una demanda a la cuenta. Si usted nunca hace una demanda a la cuenta, nunca retirará nada de la cuenta.

Jesús les decía a las personas en su ciudad natal de Nazaret que Él estaba ungido:

> El Espíritu del Señor está sobre mí, por cuanto me ha ungido para dar buenas nuevas a los pobres; me ha enviado a sanar a los quebrantados de corazón; a pregonar libertad a los cautivos, y vista a los ciegos; a poner en libertad a los oprimidos; a predicar el año agradable del Señor.
> —Lucas 4:18–19

Les correspondía a ellos hacer una demanda a la unción de Él. Ellos podrían haber recibido el evangelio, la sanidad y la liberación de Él; podrían haber sacado de Él virtud y poder. Pero no lo hicieron. Su incredulidad bloqueó el flujo de la unción. En lugar de recibir milagros, no recibieron nada. Luego Jesús dijo:

> Mas Jesús les decía: No hay profeta sin honra sino en su propia tierra y entre sus parientes, y en su casa.
>
> Y no pudo hacer allí ningún milagro, salvo que sanó a unos pocos enfermos, poniendo sobre ellos las manos.
> —Marcos 6:4–5

Allí, en medio de ellos, había provisión: una reserva de unción. En aquella reserva había salvación, sanidad, liberación y milagros. Jesús era una reserva de unción andante. Ellos tenían la oportunidad de hacer una demanda a esa unción y recibir de ella, pero no lo hicieron debido a la incredulidad. Ellos no consideraban a Jesús una reserva de la unción, sino sólo un carpintero: (Marcos 6:3). Ellos le miraban y le juzgaban en lo natural; sin embargo, si le hubieran mirado en el Espíritu, le habrían visto como una reserva de unción. Habrían recibido de Él milagros y sanidad por fe.

Necesitamos aprender de esto. Debemos hacer una demanda a la unción y recibir los milagros de Él. No hay nada de malo en que los ministros le digan a la gente aquello para lo que están ungidos. Si usted tiene una unción sanadora, dígaselo a la gente; deles la oportunidad de recibir de esa unción. Si usted tiene una unción profética, dígaselo a la gente; deles la oportunidad de recibir de usted las palabras proféticas. Si tiene una unción de enseñanza, dígaselo a la gente; deje que ellos obtengan de usted conocimiento, entendimiento y revelación.

Eliseo tenía suficiente unción *en sus huesos* para resucitar a un hombre de la muerte. ¡Imagine la unción que estaba a disposición de Israel mientras él vivía! Pero debido a que ellos no hicieron una demanda a la unción que había en su vida, no recibieron los milagros que necesitaban. Cada leproso que había en Israel necesitaba un milagro. El Señor, en su misericordia, vio la necesidad y dotó al hombre de Dios de esa unción, pero le correspondía a Israel demandar de ella. Sus necesidades no fueron satisfechas porque no había demanda; no había fe; no había honor. Si ellos hubieran honrado al profeta de Dios, habrían sido sanados. La unción estaba disponible, era lo bastante fuerte, pero no había demanda. Como no había demanda, no había provisión.

Recibir de la unción

Hay otros ejemplos en la Escritura de personas que hicieron una demanda a la unción:

> Vino luego a Betsaida; y le trajeron un ciego, y le *rogaron* que le tocase.
>
> —Marcos 8:22, énfasis añadido

> Entonces Jesús se levantó y salió de la sinagoga, y entró en casa de Simón. La suegra de Simón tenía una gran fiebre; y le *rogaron* por ella.
>
> —Lucas 4:38, énfasis añadido

> Y le trajeron un sordo y tartamudo, y le *rogaron* que le pusiera la mano encima.
>
> —Marcos 7:32, énfasis añadido

> Y faltando el vino, la madre de Jesús le dijo: No tienen vino.
>
> Jesús le dijo: ¿Qué tienes conmigo, mujer? Aún no ha venido mi hora.
>
> Su madre dijo a los que servían: Haced todo lo que os dijere
>
> —Juan 2:3–5

En el último pasaje, María obtuvo el milagro de Jesús al hacerle una demanda. Ella le presentó una necesidad y Él respondió, aunque no era su hora de actuar.

Ese fue el comienzo de su ministerio de milagros. "Este principio de señales hizo Jesús en Caná de Galilea..." (Juan 2:11). Todo comenzó porque su madre le presentó una necesidad de vino. Con frecuencia en el ministerio, yo comienzo a fluir en profecía, milagros o sanidad porque siento una demanda. Las personas pueden presentarle a usted esas necesidades de tal manera que haga que fluya un milagro de usted. Es como cebar una bomba de agua; una vez que el agua comienza a fluir, sale a borbotones.

Jesús dijo que de nuestro interior fluirían ríos de agua viva. Lo único que tenemos que hacer es dar comienzo al flujo, y comenzará cuando haya una demanda. Cuando comience, seguirá fluyendo hasta que cada necesidad sea satisfecha.

Recibir de vasos ungidos

La historia del primer milagro de Jesús en Caná de Galilea es profética (ver Juan 2:6-10). Las seis vasijas de agua representan los vasos terrenales que el Señor usa (ver 2 Corintios 4:7). El seis es el número del hombre. El hombre fue creado el sexto día. Jesús ordenó que las vasijas se llenasen de agua, y el agua representa la Palabra (Efesios 5:26). Los siervos de Dios necesitan ser llenos de la Palabra de Dios. Apóstoles, profetas, evangelistas, pastores y maestros han de ser llenos de la Palabra. El Señor lo llenará de la Palabra a fin de que otros puedan recibir de usted.

Jesús después les dijo que sacaran las vasijas. Cuando las sacaron, el agua se había convertido en vino. El vino representa el Espíritu Santo; representa la unción de Dios. Hemos de recibir de los dones ministeriales. *Recibir* es la palabra griega antleo, que significa meter agua con un cubo o cántaro.

Hemos de usar nuestros cubos y sacar agua de los vasos terrenales que Dios ha llenado de su Palabra. Cuando yo estoy cerca de dones ministeriales ungidos, mi cubo está fuera y estoy listo para recibir. Cuando los vasos del Señor entran en la iglesia local, debemos recibir de ellos; y recibimos porque tenemos necesidades. La madre de Jesús le dijo: "No tienen vino" (Juan 2:3). Había una necesidad de vino en el banquete de bodas. Cuando hay una necesidad de unción y fluir del Espíritu, debemos recibir de los vasos terrenales que el Señor nos ha dado; debemos utilizar nuestra fe para recibir el vino cuando hay una necesidad.

Los profetas deben pasar tiempo llenándose de la Palabra. Permita al Señor llenar su vaso con el agua de la Palabra. Cuando usted ministre, permita que los santos de Dios reciban de usted, pues hay muchos que tienen necesidades. Las personas necesitan el vino del Espíritu Santo que fluirá de nosotros.

Verdaderamente, ya sea llenando o recibiendo del Espíritu Santo, necesitamos el poder de Dios fluyendo en nuestras vidas. Mi sincera esperanza y oración es que la revelación compartida en este libro bendiga tremendamente al pueblo de Dios para comenzar a recibir en abundancia la plenitud de todos los dones de Dios en el Cuerpo de Cristo, especialmente el don profético, de suma importancia.

EJERCICIOS PROFÉTICOS PARA DESARROLLAR A LOS CREYENTES

L OS SIGUIENTES EJERCICIOS se utilizan en nuestra asamblea local para ayudar a desarrollar a los creyentes en su capacidad de ejercitar el don profético; han contribuido decisivamente para liberar a miles de creyentes para que profeticen y para aumentar el nivel del fluir profético en nuestra congregación. Ofrezco estos ejercicios para su uso en una iglesia local bajo un liderazgo cualificado.

Alrededor del círculo

Este ejercicio se utiliza mejor como activación de "calentamiento". El líder de equipo elige a un ministro que profetice al miembro del círculo que esté directamente a su izquierda o a su derecha. Después de que ese primer ministro haya terminado, entonces el miembro del círculo que acaba de recibir ministerio comienza a profetizar al miembro del círculo que esté a su otro lado. Este ministerio en cadena continúa alrededor de todo el círculo.

Todos a uno

Todos en el círculo se turnan para ministrar a un solo miembro del círculo. El resultado será un ministerio profundo para el que lo recibe. Como resultado, al receptor se le dará el "empuje" para fluir en el espíritu de profecía. Este ejercicio también demostrará el fluir de un presbiterio profético.

Uno a todos

Este ejercicio está pensado para "extender" a un ministro por encima de limitaciones normales. Se requiere al ministro que profetice a todos los que están en el círculo. Este ejercicio también edifica confianza y fe en que Dios revelará su palabra.

Una palabra profética

Se requiere a un ministro que dé una palabra profética a todos los que están en su círculo. Cada miembro del círculo ministra de esta forma. Los miembros del círculo han de escribir solamente las palabras que otros les dieron directamente a ellos. Después de que todos en el círculo hayan ministrado, cada miembro del círculo ha de leer cada una de las palabras que le dijeron y profetizar lo que el Señor le esté diciendo por medio de todas las palabras reunidas. Este ejercicio capacita a los ministros para discernir un fluir común y para edificar concentración e interpretación espiritual.

Cambio

Este método puede aplicarse con cualquiera de los ejercicios de activación. Cuando el líder de equipo lo indique, el ministro cambiará, o los receptores cambiarán. Un cambio rápido ayudará a desarrollar precisión en los ministros. Un cambio lento dará lugar a que se manifieste un ministerio personal más profundo por parte del ministro. El cambio espontáneo de ministros ejercitará la capacidad de los ministros para mantener una palabra profética y su capacidad para estar preparados para ministrar de inmediato. A fin de mantener fluidez, el líder de equipo puede indicar un cambio diciendo "cambio" y señalando al siguiente ministro.

Ver una imagen

Este ejercicio activará las visiones proféticas. El ministro usará su fe para recibir una imagen de parte de Dios que sea relevante para la persona a la cual está ministrando. Cuando reciba la imagen, entonces se requiere que el ministro haga una descripción de la imagen por medio de la palabra profética. Esta explicación profética nunca debería añadir ni quitar nada a la imagen; debería consistir solamente en lo que se haya visto.

Escribir lo que oiga

Este es un ejercicio en el ministerio del escriba profético. Los miembros del círculo deberían estar equipados de pluma y papel. Los miembros del círculo deberían orar a Dios, pidiendo dirección divina (conocimiento impartido). Inmediatamente después de orar, todos deberían comenzar a escribir lo que oigan. Escribir unas palabras introductorias como "hija, hijo mío…" puede ayudar a vencer el bloqueo del que escribe. Los miembros de equipo pueden pedir a los miembros del círculo que tomen turnos para leer en voz alta lo que Dios les haya dado.

Profecía grupal

Un ministro del círculo es escogido para dar una profecía común que sea relevante para todos los miembros del círculo. Este ejercicio está pensado para ayudar al ministro a sentirse cómodo al ministrar a grupos enteros de personas, como una congregación.

Profetizar por un ejemplo (un "trampolín")

Los "trampolines" son temas que todo el mundo tiene en común; por ejemplo, las finanzas y la familia. El líder de equipo escogerá un tema para el ministro. Luego el ministro es dirigido a profetizar a un miembro del círculo con respecto a ese tema. Utilizar un ejemplo ayuda al ministro a eliminar el temor.

El profeta ciego

Un ministro del círculo profetiza a alguien a quien no ha escogido y a quien no puede ver. Normalmente, el líder de equipo pone un pañuelo sobre los ojos del ministro y luego elije a alguien para que se sitúe detrás del ministro. Se indica al ministro que profetice a la persona que está detrás de él o ella. Este ejercicio edifica fe en Dios, y da como resultado un fluir profético más preciso y profundo.

Cantar una profecía

Este ejercicio está pensado para activar a un ministro en el canto de Señor y el canto nuevo. Se requiere que el ministro cante la palabra profética. Por medio de la fe, el ministro descubrirá que su oído espiritual es abierto a melodías dadas por Dios. A veces esas melodías no se han oído nunca antes.

Dar una palabra de conocimiento

Este ejercicio hará que el ministro revele información detallada y personal de parte de Dios acerca del receptor del ministerio. Para comenzar, el ministro debería orar para que Dios le dé conocimiento divino. Luego, el líder de equipo ofrecerá un ejemplo que requiera que el ministro rellene los espacios en blanco. Algunos ejemplos son: "Cuando usted tenía quince años…"; "tú me has pedido…"; "la gente le ha dicho…"; "hay alguien aquí que…", etc. La confirmación de que este don está operando será que el ministro, sin conocimiento previo acerca de la información revelada, ha dado información que es verdadera.

Impartir el don

Este es un ejercicio de "imposición de manos". El líder elegirá a ministros que tengan unos fuertes dones operativos de parte de Dios. Los ministros luego impondrán manos sobre los miembros del círculo elegidos que deseen o necesiten la impartición de un don. Mientras impone las manos, el ministro debería orar a Dios y pedir a Dios que permita que el don se transfiera. Un resultado inmediato será una manifestación de poder que haga que el receptor reaccione, por ejemplo, cayéndose en el Espíritu. Los resultados a largo plazo serán que el receptor comience a operar en el don que él o ella haya recibido.

Palomitas de maíz

El líder de equipo elegirá a un ministro y a cinco miembros del círculo. Se requiere del ministro que profetice a los cinco miembros del círculo en menos de tres minutos. Los líderes de equipo detendrán al ministro cuando se cumpla el tiempo. El límite de tiempo y el número de receptores de profecía pueden variar. Este ejercicio ayuda a eliminar la timidez y la interferencia en los pensamientos. La palabra del Señor brotará de la boca del ministro, y resultará un fluir más profundo.

Versículos proféticos de la Escritura

Los líderes de equipo estarán preparados con tarjetas con versículos. Los versículos cubrirán varios temas. Un ministro del círculo elegirá y leerá en silencio una o más tarjetas. Después de regresar las tarjetas al líder de equipo, el ministro profetizará a cada miembro del círculo de acuerdo a cada versículo. La palabra profética del ministro debería ser similar a lo expresado en los versículos. Variaciones aceptadas incluyen el uso de lenguaje actual, hablar en primera persona, y dirigir las palabras a "hija o hijo mío". Si los versículos elegidos están en consonancia con las necesidades del receptor, todos sabrán que el ministro fue dirigido por Dios. Cuando el fluir profético se haya establecido, esta activación puede continuar sin el uso de tarjetas. Los ministros entonces serán desafiados a utilizar partes de la Palabra que ellos ya hayan estudiado. Este ejercicio ayuda a asegurar que las palabras proféticas estén en consonancia con la Palabra de Dios.

Apéndice B

PROTOCOLO PROFÉTICO

1. Siempre profetice en amor. Ame a las personas a las cuales ministra. El amor es la motivación que está tras la profecía (1 Corintios 14:1). No profetice por amargura, dolor o ira. El amor siempre busca edificar; el amor no es rudo; el amor no es duro ni condenatorio. Sea sensible a la persona a la cual está ministrando. Sea educado.

2. Profetice de acuerdo a su medida de fe (Romanos 12:6). No copie a otros; sea usted mismo. Dios quiere que todos nosotros seamos originales, y no copias. Perdemos la individualidad y originalidad que Dios nos ha dado cuando copiamos a otros. Esfuércese por hacer lo mejor y ser usted mismo.

3. Evite ser demasiado demostrativo, dramático, teatral o efusivo cuando ministre proféticamente.

4. Cuando ministre a una persona del sexo opuesto, no imponga las manos en ninguna zona del cuerpo de la persona que pudiera ser considerada sensible. Si debe tocar, ponga sus manos con suavidad sobre la cabeza o el hombro. Puede pedir a otra persona del mismo sexo que el receptor que imponga una mano

sobre la persona con el propósito de impartición y sanidad.

5. ¡No permita que las personas le adoren a usted! Sea humilde cuando la gente le elogie y hable bien acerca del ministerio que recibió de usted. Recuerde adorar a Jesús. El testimonio de Jesús es el espíritu de la profecía.

6. No sea un "llanero solitario" profético. Aprenda a ministrar juntamente con otros. Solamente conocemos en parte y profetizaos en parte. Someterse a otros es una forma de evitar el orgullo. Prefiera a otros a la hora de ministrar, y no sea un "acaparador" profético. Dé a otros oportunidad de ministrar, y no agote todo el tiempo usted. Aprenda a ser un jugador en un equipo. Un buen seguidor constituye un buen líder.

7. Elimine los movimientos excesivos de manos, pues distraen al receptor del ministerio. Esos movimientos incluyen: señalar, agitar los brazos y cerrar los puños. También evite balancear a la persona hacia delante y hacia atrás. No hable en lenguas excesivamente mientras ministra proféticamente. En general, podemos hablar en lenguas mientras comenzamos a entrar en el fluir, pero después permanezca en las palabras de profecía conocidas.

8. Nunca pronuncie una palabra profética que sea contraria a la Palabra de Dios escrita. Es importante

que los profetas sean estudiantes de la Palabra. Estudie para mostrarse a usted mismo aprobado.

9. Conozca sus fortalezas y sus limitaciones. Algunas personas son más fuertes en ciertas áreas de lo profético que otras. No intente ir más allá de su medida de gracia. No estamos en una competición, ni tampoco intentando sobrepasar a otros.

10. Recuerde: el espíritu del profeta está sujeto al profeta (1 Corintios 14:32). Dios no nos da algo que no podamos controlar. Siempre debería usted tener gobierno sobre su espíritu (Proverbios 25:28). Nunca permita que las cosas se descontrolen.

11. No sea repetitivo mientras profetiza. Esto sucede con frecuencia cuando las personas hablan por demasiado tiempo. Deténgase cuando el Espíritu Santo se detenga.

12. Use una grabadora siempre que sea posible, pues eso le dará al receptor la capacidad de escribir la profecía y revisarla. Esto evita permitir que el receptor diga que el ministro dijo algo que no dijo, y hace posible que la profecía sea juzgada por el liderazgo.

13. Hable en primera persona. Puede que sean necesarios tiempo y práctica para acostumbrarse, pero usted es la voz del Señor en la tierra. Esto dará como resultado un fluir más profundo proféticamente.

NOTAS

Capítulo 5
Profetas que protegen

1. Jim Goll y Lou Engle, *Elijah's Revolution* (Shippensburg, PA: Destiny Image, 2002), 99.

2. John Paul Jackson, *Unmasking the Jezebel Spirit* (n.p.: Streams Publications, 2002), 33.

Capítulo 12
Impartición mediante el ministerio profético

1. Richard Weymouth, *The Modern Speech New Testament* (New York: The Baker and Taylor Co., 1905), 352.

Capítulo 13
Presbiterio profético

1. Bill Hamon, *Prophets and Personal Prophecy* (Shippensburg, PA: Destiny Image, 1987).

2. David Blomgren, *Prophetic Gatherings in the Church* (Saugus, CA: Temple Publishing, 1979).

3. Ibíd.

Capítulo 14
Recibir de la unción

1. Joseph Rotherham, *Rotherham's Emphasized Bible* (Grand Rapids, MI: Kregel Classics, 1959).